Juliette Levivier

# Dieu a-t-il créé les poux ?

## et autres vraies questions d'enfants sur Dieu, l'Église et la foi

MAME
Edifa

# Sommaire


## Dieu et la Création ---------- 12

- Avant l'homme, il y avait quoi ? ..... 14
- Pourquoi Dieu a-t-il choisi la Terre pour y mettre les hommes ? ..... 15
- Est-ce qu'Adam et Ève ont vraiment existé ? ..... 16
- Est-ce que les hommes préhistoriques ont aussi été créés à l'image de Dieu ? ..... 17
- Pourquoi Dieu n'a pas empêché Adam de pécher ? ..... 18
- C'est vraiment grave, le péché ? ..... 20
- Pourquoi Abraham est-il appelé « père des croyants » ? ..... 22
- Est-ce que Satan existe vraiment ? ..... 24
- Pourquoi le démon a-t-il péché par orgueil ? ..... 25
- Est-ce que Dieu sait tout, même notre avenir ? ..... 26
- Est-ce que les bébés viennent du ciel ? ..... 27

## Jésus ---------- 28

- Est-ce que Jésus a deux noms ? Il s'appelle Jésus ou Emmanuel ? ..... 30
- Pourquoi Jésus dit qu'il est le Fils de l'homme alors qu'il est le Fils de Dieu ? ..... 31
- Pourquoi Marie est à gauche dans la crèche ? ..... 33
- Pourquoi on ne met pas Jésus dans la crèche avant Noël ? ..... 34
- Sait-on si Jésus avait des frères et sœurs ? ..... 35
- Qu'ont fait Marie et Joseph de l'or, de l'encens et de la myrrhe donnés par les rois mages à l'Épiphanie ? ..... 36

- Jésus allait-il à l'école ? ........ 38
- Pourquoi Jésus a-t-il reçu le baptême ? ........ 40
- Qui étaient les scribes? Pourquoi est-ce que Jésus ne les aimait pas ? ........ 41
- Lorsque Jésus fait un miracle, pourquoi demande-t-il de ne rien dire à personne ? ........ 42
- Pourquoi, quand Jésus fait des miracles à Nazareth, ça ne marche pas ? ........ 43
- Pourquoi Jésus n'a-t-il rien écrit dans la Bible? ........ 44
- Aux jeunes filles qui avaient oublié de l'huile pour leur lampe, le Seigneur crie : « Je ne vous connais pas... » C'est dur ! ........ 45
- J'ai envie de savoir pourquoi Jésus s'est fait pauvre. ........ 46
- Qu'est-ce que ça veut dire : « l'Agneau de Dieu » ? ........ 48
- Pourquoi Jésus ne se défend pas quand les soldats viennent l'arrêter ? ........ 49
- Est-ce qu'on connaît la date de la Passion ? ........ 50
- Elle faisait quel poids, la Croix ? Et quelle taille ? ........ 52
- Pourquoi y a-t-il des croix au bord des chemins ? ........ 53
- Est-ce que Jésus est vraiment mort pour de vrai comme nous ? ........ 54
- Pourquoi Jésus est-il allé en enfer ? ........ 55
- Jésus est ressuscité ? Mais ça ne se peut pas ! ........ 56
- Est-ce que Jésus savait qu'il allait ressusciter ? ........ 57
- Pourquoi Jésus est-il assis à la droite de Dieu ? ........ 58

## L'Esprit Saint et l'Église ................ 60

- Pourquoi dit-on que l'Esprit Saint souffle ? ........ 62
- Quels sont les symboles de l'Esprit Saint ? ........ 63
- Les anges existent-ils ? ........ 64
- Pourquoi représente-t-on souvent les anges avec des ailes ? ........ 65
- Est-ce que c'est vrai que nous avons un ange gardien ? ........ 66
- Est-ce que mon petit frère Paul qui est au ciel est devenu un ange ? ........ 67
- Est-ce que c'est risqué de suivre Jésus ? ........ 69
- Comment on devient saint ? ........ 70
- D'où viennent les auréoles au-dessus de la tête des saints sur les images ? ........ 71
- Qu'est-ce que « la communion des saints » ? ........ 72
- Pourquoi des gens vont-ils à pied à Rome ou à Compostelle ? ........ 73
- Pourquoi fête-t-on ensemble saint Pierre et saint Paul ? ........ 74
- Pourquoi le pape habite-t-il à Rome ? ........ 75
- Pourquoi Jérusalem n'est-elle pas la ville sainte des chrétiens ? Jésus y est mort et ressuscité... ........ 76
- À quoi servent les religieuses ? ........ 78
- Pourquoi les dames n'ont-elles pas le droit d'être diacres ou prêtres ? ........ 79
- Est-ce que les prêtres peuvent arrêter de l'être un moment puis recommencer ? ........ 80
- Pourquoi dit-on que l'Église est apostolique ? ........ 81
- Comment ne pas s'ennuyer à la messe, toujours la même en apparence ? ........ 82

■ Pourquoi fait-on le signe de croix avec la main droite ? ........ 83
■ Pourquoi fait-on trois croix avant l'Évangile ? ........ 84
■ Pourquoi le prêtre embrasse-t-il l'Évangile ? ........ 85
■ Comment sait-on que ce que racontent les évangiles est vraiment vrai ? ........ 86
■ Pourquoi dit-on que l'Évangile est une Bonne Nouvelle ? ........ 87
■ Qu'est-ce que ça veut dire, « alléluia » ? ........ 88
■ Pourquoi récite-t-on deux sortes de Credo à la messe ? ........ 90
■ Comment Jésus peut-il être présent dans plusieurs hosties à la fois ? ........ 91
■ Pourquoi est-ce qu'il faut se confesser avant de communier ? ........ 92
■ À partir de quand peut-on se confesser ? ........ 93
■ À quoi ça sert d'être baptisé puisque Dieu aime tout le monde ? ........ 94
■ Pourquoi, à certains baptêmes, on plonge le bébé tout entier dans l'eau et d'autres fois on lui met juste de l'eau sur le front ? ........ 95
■ Pourquoi, quand on donne le sacrement des malades aux malades, ils ne guérissent pas ? ........ 96
■ On met une lumière rouge, comme ça Jésus aussi n'a pas peur la nuit ? ........ 98
■ Pourquoi y a-t-il des bougies dans les églises ? ........ 99
■ Pourquoi y a-t-il des cloches dans les églises ? ........ 100
■ Pourquoi les cathédrales sont-elles si grandes et si hautes ? ........ 103

## La foi et la prière ... 102

- C'est quoi, avoir la foi ? ... 106
- Je ne comprends pas pourquoi tant de gens ne croient pas en Dieu malgré tous les miracles. ... 107
- Est-ce que les dix commandements sont toujours valables pour les chrétiens ? ... 108
- Pourquoi doit-on mourir un jour ? ... 110
- Qu'est-ce que l'âme ? ... 111
- Qu'est-ce que l'enfer ? ... 112
- C'est quoi, le paradis ? ... 113
- Pourquoi y a-t-il des prières toutes faites ? ... 114
- Pourquoi on fait une prière tous les jours ? ... 115
- Quand je prie, je ne sens rien, comment savoir si Dieu est présent ? ... 116
- Pourquoi on dit : « Dieu vous parle dans vos cœurs » et je ne l'entends pas ? ... 117
- Pourquoi appelle-t-on Marie « Notre-Dame » ? ... 118
- Pourquoi appelle-t-on Marie « Tour de David » et « Tour d'Ivoire »? ... 119
- Pourquoi Marie est-elle appelée l'« Immaculée Conception » ? ... 121
- Quand elle attendait Jésus, est-ce que la Sainte Vierge savait qu'il allait mourir sur une croix ? ... 122
- À quel âge est morte Marie, la mère de Jésus ? ... 123
- Pourquoi on dit toujours « amen » ? ... 124

Ils ont le cœur pur, l'esprit bien aiguisé, l'âme grande ouverte.
Ils veulent connaître Dieu, comprendre pourquoi il a créé les étoiles, les anges, les poux et les lions.
Ils veulent s'approcher de Jésus, entendre sa Parole, toucher son manteau.
Ils sont prêts à se laisser conduire par l'Esprit pour construire leur vie sur le roc.
Les enfants sont le trésor de l'Église et la joie de Dieu !

Toutes les questions réunies dans ce livre m'ont été posées par des enfants assoiffés de vérité. À leurs *vraies* questions, j'ai tenté d'apporter de *vraies* réponses, à la lumière de la Parole de Dieu et de la Tradition de l'Église.

Dieu nous a confié ses enfants pour que nous les conduisions vers lui. À nous de leur faire découvrir ce trésor qu'est la foi, à nous de les aider à saisir la beauté de l'Église et les merveilles que recèle la Parole de Dieu.

Puisse la lecture de ce livre nous permettre de cheminer ensemble – parents et enfants – vers celui qui est la Vérité. Puisse-t-elle également aider nos enfants à entrer, petit à petit, dans une relation personnelle et intime avec le Seigneur.

Bienheureux ceux qui ont faim et soif, ils seront rassasiés !

Juliette Levivier

# Dieu
## et la Création

MARGOT

# Avant l'homme, il y avait quoi ?

■ Avant l'homme, il y avait l'univers et avant l'univers, il y avait Dieu. Il a toujours existé, il n'a ni commencement ni fin.

« Au commencement, Dieu créa le ciel et la terre » : ce sont les premiers mots de la Bible. Avant, il n'y avait ni ciel, ni terre, ni lumière, ni cellule microscopique, rien d'autre que Dieu. Et Dieu, par la seule puissance de son amour et de sa sagesse, crée « le ciel et la terre » (c'est-à-dire tout ce qui existe). Il donne un « commencement » à tout ce qui existe en dehors de lui : le monde a « commencé » quand la Parole de Dieu l'a créé. Voilà pourquoi on dit que Dieu est Créateur : il a tout créé à partir de rien, directement et sans aucune aide, donnant ainsi le premier témoignage de son amour et de sa sagesse.

Beaucoup de savants cherchent à comprendre comment était le monde avant que l'homme soit créé. La science cherche des explications, elle tente de répondre aux questions : comment ? Et quand ? La foi, elle, cherche à comprendre le sens, la raison pour laquelle tout a été créé ; elle répond aux questions : par qui ? Et pourquoi ?

Les premières pages de la Bible nous donnent la réponse de la foi : Dieu a créé toute chose pour manifester sa gloire. Il a d'abord créé l'univers (la lumière, les astres, la terre, la mer...) et les animaux. Puis, il a créé l'homme pour l'aimer, pour partager avec lui cet amour qui est sa vie même. Tout cela ne s'est certainement pas fait en sept jours comme le raconte le récit biblique mais cela s'est fait par Dieu qui « vit que cela était bon ».

BRAULION

# Pourquoi Dieu a-t-il choisi la Terre pour y mettre les hommes ?

■ « Dieu vit tout ce qu'il avait fait : c'était très bon. »

Genèse 1, 31

Si tu lis les premières pages de la Bible, tu verras que Dieu créa d'abord la lumière puis le ciel, la terre, la mer, les plantes et les astres. Ensuite, il créa les animaux et enfin les hommes, la plus belle de ses œuvres, la seule qui soit à son image.

Je ne crois pas que Dieu, une fois le cosmos achevé, ait cherché la plus jolie planète pour y poser son chef-d'œuvre ! Il n'a pas créé les hommes pour peupler la Terre, mais il a fait exactement l'inverse : il a créé la Terre pour l'homme. Il savait, en la créant, que la Terre serait le merveilleux réceptacle de la vie humaine. Il l'a créée pour cela : l'air pour que l'homme puisse respirer, l'eau pour qu'il puisse boire, le soleil pour qu'il ait chaud, les plantes et les animaux pour qu'il puisse se nourrir.

Dieu a donné à l'homme la responsabilité de toute cette merveilleuse Création : c'est pourquoi l'homme doit en prendre grand soin. Dieu a tout créé pour l'homme et l'homme a été créé pour connaître, aimer et servir Dieu.

# Est-ce qu'Adam et Ève ont vraiment existé ?

Qui fut le premier homme ? Y a-t-il eu un seul « premier » homme ou y en a-t-il eu plusieurs à des endroits et des époques différentes ? La science ne peut le dire, mais la plupart des scientifiques pensent que l'homme est issu d'une longue évolution. Quoi qu'il en soit, il y a eu un moment où Dieu a donné une âme à ses créatures, en faisant des hommes « à son image et selon sa ressemblance ».

Écrit environ 2500 ans avant l'apparition de la science moderne, le passage biblique de la Création n'est pas un texte historique ou scientifique qui nous présente les faits tels qu'ils se sont exactement passés. Il nous raconte, de manière imagée, que l'homme a été voulu par Dieu qui l'a placé au centre de la Création et que Dieu a proposé son projet d'amour à l'homme qui n'a pas voulu y répondre. Tentés par le démon, l'homme et la femme – que la Genèse appelle Adam et Ève – n'ont pas fait confiance à Dieu et lui ont désobéi : c'est le péché originel.

L'homme et la femme du jardin d'Éden représentent l'humanité tout entière. Tous les hommes sont « issus d'Adam » : cela signifie que tous les hommes forment une unité, que tous sont de même nature. Et cette nature est abîmée par le péché d'Adam et Ève. En désobéissant à Dieu, Adam, en tant que premier homme, a perdu la sainteté qu'il avait reçue de Dieu non seulement pour lui, mais aussi pour tous les hommes. Mais le Christ, le « Nouvel Adam », nous donne une sainteté nouvelle !

PRISCILLE

# Est-ce que les hommes préhistoriques ont aussi été créés à l'image de Dieu ?

La Bible nous dit que l'homme a été créé par Dieu « à son image, selon sa ressemblance » (Genèse 1, 26). Cela signifie qu'il a été voulu par Dieu pour partager sa vie, pour le connaître, l'aimer et manifester sa gloire. Elle ne nous précise pas, malheureusement, si les hommes préhistoriques descendent d'Adam et Ève, ou si c'est l'inverse.

« L'homme », c'est quelqu'un qui a, comme nous, un corps, une âme et un esprit. L'homme des cavernes était-il vraiment un homme, doté d'un corps, d'une âme, et d'un esprit ? Personne ne peut répondre à cette question avec certitude. Si l'on répond non, alors l'homme préhistorique n'était pas vraiment un homme mais plutôt une créature proche de l'animal. Si l'on répond oui, alors, même si ce n'était pas un prix de beauté, il était comme nous « à l'image et selon la ressemblance » de son Créateur !

Certains indices, cependant, peuvent nous conduire à considérer certains hommes préhistoriques comme des hommes. L'Homo sapiens, par exemple, n'était pas forcément une grosse brute : il savait coudre (il a inventé l'aiguille à coudre il y a environ 20000 ans) et peindre ; il travaillait finement ses outils et maîtrisait toutes les techniques de chasse. Mais surtout, il enterrait les morts, ce qui montre qu'il les aimait et avait déjà le sens de cette dignité propre à l'homme. Il se pourrait donc qu'en allant au ciel, tu rencontres un homme préhistorique. Profites-en pour lui poser des questions sur l'art de chasser le mammouth !

### ■ Dieu a-t-il créé les poux ?

Hermance

Dieu a créé un monde ordonné et bon dans lequel chaque créature a sa place. L'existence des animaux féroces ou nuisibles montre le désordre qui s'est introduit dans la Création depuis la désobéissance d'Adam. Saint Thomas d'Aquin disait que la Création présente tous les degrés de bonté et de beauté. À mon avis, les poux sont tout à fait en bas de l'échelle !

ALIX

# Pourquoi Dieu n'a pas empêché Adam de pécher ?

Puisqu'il est le Tout-Puissant, Dieu aurait pu empêcher Adam de succomber à la tentation, c'est sûr. Mais Dieu n'a pas fabriqué des marionnettes, il a créé des hommes « à son image et selon sa ressemblance », c'est-à-dire dotés d'une intelligence et d'une volonté propres. Il leur a laissé la liberté de répondre à son amour ou de le refuser.

Si Adam et Ève n'avaient pas eu le choix, ils n'auraient pas été « quelqu'un » mais « quelque chose », des pantins entre les mains de Dieu et non des personnes. Dieu a voulu qu'ils soient capables de lui offrir librement une réponse de foi et d'amour. Dieu est infiniment bon et tout ce qu'il a créé est bon : il n'a pas fait le péché ni voulu la mort qui en est la conséquence, mais il a accepté qu'ils soient comme la contrepartie de la liberté de l'homme. Dieu, explique le grand théologien saint Thomas d'Aquin, permet le mal pour en tirer un plus grand bien.

Dieu n'a pas abandonné l'homme au péché et à la mort. Pour le sauver, il a envoyé son propre fils, Jésus. Et celui-ci, dit saint Léon – un autre grand théologien –, « nous a donné des biens meilleurs que ceux que l'envie du démon nous avait ôtés ». Le péché d'Adam et Ève, qui s'est propagé à tous les hommes, nous a valu

■ Défiguré par le péché, l'homme reste « à l'image » de Dieu mais il ne lui ressemble plus, car il n'est plus tout amour. Celui qui croit en Jésus reçoit une vie nouvelle : par le baptême, l'Esprit Saint lui restitue sa « ressemblance » avec Dieu perdue par le péché.

un sauveur qui s'est fait notre frère. Jésus n'est pas resté là-haut, tranquille dans son Royaume, il est venu nous donner la main pour nous y faire entrer à sa suite. Par sa propre mort et sa Résurrection, il a été victorieux du péché et cette victoire-là nous a donné des biens plus précieux que ceux que le péché originel nous avait ôtés. Voilà pourquoi l'on chante parfois : « Ô heureuse faute qui nous a valu un tel Rédempteur ! »

Parfois, on appelle Jésus, « le Nouvel Adam », car, par son obéissance, il a racheté la désobéissance d'Adam. On dit aussi de Marie qu'elle est « la Nouvelle Ève », elle qui, par la grâce dont elle est comblée, a su accueillir l'amour de Dieu.

AUGUSTIN

# C'est vraiment grave, le péché ?

Le péché est grave parce que c'est toujours une offense faite à Dieu, une désobéissance, un refus de son amour. Il blesse Dieu et il nous blesse, nous aussi. Il nous détourne de Dieu, nous coupe de son amour et abîme nos relations avec les autres. Tout ça, c'est plutôt grave, tu ne trouves pas ?

On peut, malheureusement, faire beaucoup de péchés différents : la variété des péchés est grande, mais tous n'ont pas la même gravité. Si tu vois que tu pourrais aider ta maman et que tu choisis de ne pas le faire pour continuer à jouer, c'est moins grave que si tu prends un fusil et que tu la tues ! Certains péchés sont « véniels », d'autres... « mortels » ! Ce sont les péchés qui vont contre la Loi de Dieu (« Tu aimeras ton Dieu, tu ne tueras pas, tu ne voleras pas, tu ne diras pas faussement du mal des autres... ») et que l'on fait exprès, en sachant le mal que l'on fait. Seul le sacrement de Réconciliation, en nous donnant le pardon de Dieu, peut alors réparer ce qui est cassé.

Toute notre vie, il nous faut lutter contre le mal qui nous éloigne de Dieu. Heureusement, la miséricorde de Dieu est toujours plus grande que notre péché.

■ « De même que tous sont devenus pécheurs parce qu'un seul homme a désobéi, de même tous deviendront justes parce qu'un seul homme a obéi. »

Romains 5, 19

PATRICIA

# Pourquoi Abraham est-il appelé « père des croyants » ?

Abraham vivait en Chaldée (l'Irak d'aujourd'hui) vers 1700 avant Jésus-Christ. Il était nomade et appartenait à une tribu qui honorait différentes divinités chargées de protéger les hommes dans les circonstances les plus diverses.

Un jour, il entend l'appel de Dieu qui lui ordonne de quitter sa famille et son pays pour aller dans un autre pays où il aurait une nombreuse descendance. Or Abraham et sa femme Sarah n'avaient pas eu d'enfants et c'était pour eux une grande souffrance. Que fait Abraham ? Il obéit. Après bien des péripéties, Sarah lui donne un fils : Isaac. Et voilà que Dieu lui demande de sacrifier ce fils tant aimé. Et que fait Abraham ? Encore une fois, il est prêt à obéir. Dieu, bien sûr, ne veut pas la mort d'Isaac ; il veut seulement éprouver l'obéissance d'Abraham. Au dernier moment, un ange

PATRICIA

# Pourquoi Abraham est-il appelé « père des croyants » ?

Abraham vivait en Chaldée (l'Irak d'aujourd'hui) vers 1700 avant Jésus-Christ. Il était nomade et appartenait à une tribu qui honorait différentes divinités chargées de protéger les hommes dans les circonstances les plus diverses.

Un jour, il entend l'appel de Dieu qui lui ordonne de quitter sa famille et son pays pour aller dans un autre pays où il aurait une nombreuse descendance. Or Abraham et sa femme Sarah n'avaient pas eu d'enfants et c'était pour eux une grande souffrance. Que fait Abraham ? Il obéit. Après bien des péripéties, Sarah lui donne un fils : Isaac. Et voilà que Dieu lui demande de sacrifier ce fils tant aimé. Et que fait Abraham ? Encore une fois, il est prêt à obéir. Dieu, bien sûr, ne veut pas la mort d'Isaac ; il veut seulement éprouver l'obéissance d'Abraham. Au dernier moment, un ange

retient sa main et Abraham sacrifie un bélier à la place d'Isaac. Dieu, voyant la confiance d'Abraham, lui promet une descendance aussi nombreuse que les étoiles du ciel. Ce sacrifice est la préfiguration du sacrifice du Christ qui, bien plus tard, donnera réellement sa vie pour sauver l'homme du péché.

Abraham est l'ancêtre commun de tous les juifs, le « père » de tous ceux qui croient en un seul Dieu : par le sang, pour le peuple juif, ou par la foi. Il est le « père des croyants » parce qu'il a été le premier à croire que Dieu est le seul, l'unique Dieu. Il a rejeté les idoles de ses ancêtres pour obéir au seul vrai Dieu. Ainsi, juifs, chrétiens et musulmans, qui tous croient en un seul Dieu, voient en Abraham leur père dans la foi.

■ Parce qu'il a obéi à Dieu, parce qu'il a accepté de lui donner son fils unique, Abraham est devenu le « père d'une multitude de nations ». De son fils Isaac est né Jacob dont les douze fils ont été les patriarches des douze tribus d'Israël.

PAOLA

# Est-ce que Satan existe vraiment ?

Dieu a créé deux sortes d'êtres capables d'aimer comme lui : les anges et les hommes. Parmi les anges, il y a Satan. Le mal n'est pas une idée, c'est une personne (pas une personne humaine, mais un être céleste). Il est donc absolument, complètement, incontestablement vrai, Paola, que Satan existe. Vraiment vrai. Il est évoqué dès les premières pages de la Bible et est encore présent dans les toutes dernières. Toute l'histoire humaine, dès son origine et jusqu'à sa fin, est contrariée par la présence malfaisante de cet ange qui tente d'entraîner l'homme dans son refus de Dieu.

Jésus lui-même a expérimenté dans sa vie la lutte contre Satan, comme au désert où, pendant 40 jours, le démon l'a tenté. Par sa mort et sa Résurrection, il l'a vaincu. Il nous libère du mal et nous donne sa force et sa grâce : il a gagné la guerre, mais il nous reste des combats à mener contre notre Adversaire ! Lorsque tu pries le Notre Père et que tu dis « délivre-nous du mal », tu demandes à Dieu de manifester la victoire de Jésus sur Satan et de t'aider dans ces combats que tu dois mener chaque jour pour ne pas te laisser séduire par le mal.

Tu n'es pas seule, tu sais ! Ton ange gardien t'aide à être fidèle à Jésus. L'eucharistie aussi te donne plein de forces ! Et la prière ! En voilà des armes efficaces !

« Revêtez l'équipement de Dieu pour le combat, afin de pouvoir tenir contre les manœuvres du démon. »

Éphésiens 6, 11

MATTHIEU

# Pourquoi le démon a-t-il péché par orgueil ?

L'Écriture ne précise pas quand Dieu a créé les anges, mais l'Église pense que, au moment de sa création, tout ange prend une décision résolue de servir Dieu ou de refuser de collaborer à son projet d'amour. Dès le moment de sa création, l'ange voit Dieu dans sa gloire. Quel privilège ! Mais face à la gloire de Dieu, à sa grandeur, à sa puissance, à sa bonté, le démon a été dévoré d'envie. Ce ne sont pas la louange et l'adoration qui montent dans son cœur mais l'envie et la haine. L'envie, que saint Augustin appelait « le péché diabolique par excellence », vient de l'orgueil. Lui qui avait été créé bon, se retourne contre son Créateur. Il refuse Dieu et son règne, il s'oppose à son projet d'amour. Il le refuse consciemment, lucidement et définitivement.

Le démon n'est pas l'ange laid et noir que l'on représente parfois. Il est parfois appelé « Lucifer », c'est-à-dire, en latin, « celui qui porte la lumière ». C'est donc un très bel ange, mais il est furieux, malgré sa propre splendeur, de ne pas égaler Dieu. Les Pères de l'Église lui attribuent ces mots du prophète Isaïe : « J'escaladerai les cieux au-dessus des étoiles de Dieu, j'élèverai mon trône (...), je monterai au sommet des nuages, je serai semblable au Très-Haut » (Isaïe 14, 13-14).

Être semblable à Dieu ! Quelle folie ! Lucifer ne veut pas rayonner de la gloire de Dieu mais de sa propre gloire. Son orgueil l'aveugle et il tente d'entraîner l'homme dans sa chute. « Vous serez comme des dieux », dit-il à Adam et Ève (Genèse 3, 5). L'orgueil, toujours l'orgueil, par lequel il essaie de tenter Jésus, au désert, en lui promettant de lui donner gloire et pouvoir sur toute la terre s'il se prosterne devant lui.

Le péché de Lucifer nous guette tous : notre propre gloire ne nous importe-t-elle pas parfois plus que celle de Dieu ?

■ « La mort est entrée dans le monde par la jalousie du démon. »

Sagesse 2, 24

CYRIAQUE

# Est-ce que Dieu sait tout, même notre avenir ?

■ Dieu est « transcendant ». Cela signifie qu'il est infiniment plus grand que tout ce qu'il a créé, qu'il est hors du temps et de l'espace. « À sa grandeur, il n'est pas de limite ! »

Psaume 145, 3

Oui, Cyriaque, Dieu voit tout, sait tout, car il est Dieu ! Il est « transcendant », pour lui, pas de passé, de présent ni d'avenir !

Mais toi, Cyriaque, tu es soumis au temps. Tu as une origine, un passé et tu t'intéresses à ton avenir. Tu aimerais peut-être savoir ce que tu feras plus tard et tu as plein de projets. Quelle chance ! Il y a tant de belles choses à faire, tant de pays à voir, tant de gens à rencontrer et à aimer !

As-tu déjà vu des marionnettes ? Elles ne disent rien, ne font rien toutes seules, c'est le marionnettiste qui les fait agir : il tire les ficelles et hop ! elles lèvent un bras ou une jambe ! Toi, tu n'es pas un pantin entre les mains de Dieu. Il te laisse libre de faire tes choix et de construire toi-même ton avenir, car il sait que, si tu n'es pas libre, tu n'es pas capable d'aimer. Dieu est présent simultanément à tous les temps (il y a 10 000 ans et dans 150 ans !), mais il nous laisse libres d'écrire nous-mêmes notre histoire.

■ « Apprends-moi à faire ta volonté car tu es mon Dieu. »

Psaume 143, 10

Dieu te montre un chemin : celui du bonheur. Il ne décide rien pour toi, mais il te donne une boussole pour que tu ne te perdes pas : Jésus. Il te donne des provisions pour que tu aies des forces : sa Parole. Il te donne un guide : l'Église. Avec tout cela, tu vas pouvoir construire ton avenir sous son regard plein d'amour. L'essentiel est de construire ta vie avec lui, l'essentiel est l'amour que tu mettras dans tout ce que tu feras.

CALIXTE

# Est-ce que les bébés viennent du ciel ?

Est-ce que, par hasard, tu aurais lu l'histoire de la cigogne qui « livre » un bébé dans un petit baluchon bien noué ?

Quand tu dis ta prière, peut-être commence-t-elle ainsi : « Notre Père, qui es aux cieux ». Les cieux, ce n'est pas le ciel bleu au-dessus de ta tête où volent les cigognes mais une façon de parler de la demeure de Dieu. Les bébés, d'un certain sens, viennent effectivement du ciel, car ils nous sont donnés par Dieu. Il est notre Père, car c'est lui qui nous donne la vie, c'est lui qui crée tout ce qui existe. Chaque bébé est un cadeau merveilleux que Dieu nous fait. On dit souvent qu'avant d'exister « sur la terre », les bébés existent dans le cœur de Dieu : c'est une jolie façon de montrer que chacun est voulu et aimé de Dieu depuis toujours.

Mais le système de livraison est beaucoup plus sûr que celui que les auteurs de livres pour enfants imaginent parfois ! Pas de livraison par cigogne express ! Pas de livraison dans les potagers et les jardins ! Dieu a voulu que ses enfants soient aussi le fruit de l'amour d'un homme et d'une femme. Il leur a confié la possibilité d'être associés à son œuvre. Ainsi, les bébés prennent vie dans le berceau bien douillet que Dieu a disposé dans le ventre des mamans. Dieu a tout prévu !

# Jésus

NICOLAS

# Est-ce que Jésus a deux noms ? Il s'appelle Jésus ou Emmanuel ?

Jésus était un nom assez courant en Israël. Lorsque l'ange Gabriel annonce à Marie qu'elle sera la maman du Sauveur, il lui dit comment l'appeler : « Tu lui donneras le nom de Jésus » (Luc 1, 31). Il donne le même prénom quand il s'adresse à Joseph (Matthieu 1, 21). Pas de doute, Jésus s'appelle… Jésus ! Et ce n'est pas par hasard !

En hébreu, *Jésus* signifie « Dieu sauve ». Ce nom révèle qui est Jésus : le Sauveur. En effet, « c'est lui qui sauvera le peuple de ses péchés », explique l'ange à Joseph.

Pourtant, tu as raison, saint Matthieu rapporte, au début de son évangile, cette prophétie d'Isaïe : « Voici que la Vierge concevra et elle mettra au monde un fils, auquel on donnera le nom d'Emmanuel » (Matthieu 1, 23). En hébreu, *Emmanuel* signifie « Dieu avec nous ». Jésus est l'Emmanuel, c'est-à-dire le signe du salut annoncé par Isaïe.

Jésus, Emmanuel, c'est pareil ! C'est Dieu qui vient à nous par Jésus. Du vivant de Jésus, personne ne l'a jamais appelé « Emmanuel » : c'est un nom symbolique que les évangélistes ont reconnu plus tard dans la prophétie d'Isaïe, sous l'action de l'Esprit Saint.

Le nom de Jésus est au cœur de la prière des chrétiens. Il est même une prière à lui tout seul !

■ « C'est pourquoi Dieu l'a élevé au dessus de tout ; il lui a conféré le Nom qui surpasse tous les noms. »

Philippiens 2, 9

MATHILDE

# Pourquoi Jésus dit qu'il est le Fils de l'homme alors qu'il est le Fils de Dieu ?

À Nazareth, tout le monde connaît Jésus : il est le fils de Marie. Parce qu'il est né de Marie, il est pleinement homme. Tous ceux qui l'ont croisé sur les routes de Palestine ont bien vu que c'était un homme. Comme toi, il a eu faim, soif, il a été fatigué, il a souffert.

■ « Tu es le Messie, le Fils du Dieu vivant. »

Matthieu 16, 16

Mais Jésus, et tu as bien raison de le souligner, est également Fils de Dieu. Il est aussi pleinement Dieu. Nathanaël, le premier, l'a compris : « Rabbi, c'est toi le Fils de Dieu ! » (Jean 1, 49). Tous ceux qui l'ont écouté avec un cœur ouvert ont découvert qu'il était Fils de Dieu. Sa Parole nous révèle son Père, avec lequel il est toujours en relation.

Aux grands prêtres qui l'interrogent, Jésus lui-même dit qu'il est le Fils de Dieu (Matthieu 26, 63-66). Il sait qu'à cause de cela il sera crucifié. C'est sa Passion, sa mort et sa Résurrection qui le révéleront à tous comme Fils de Dieu.

Jésus emploie intentionnellement ce titre de « Fils de l'homme », pour faire référence à des textes de l'Ancien Testament qui parlent du Messie. En se qualifiant ainsi, il ne parle pas seulement de son humanité, il laisse entendre qu'il est ce Messie tant attendu dont Daniel avait prophétisé la venue.

L'Église emploie souvent cette expression : « Jésus, vrai Dieu et vrai homme » pour nous rappeler que, fait homme, le Fils de Dieu demeure homme. En se faisant homme, le Fils de Dieu est devenu notre frère, sans cesser d'être notre Dieu, notre Seigneur et notre Roi.

BÉNÉDICTE

# Pourquoi Marie est à gauche dans la crèche ?

Une crèche, comme une œuvre d'art, se contemple. Elle nous parle de Jésus, ce Sauveur qui vient nous visiter en prenant notre condition d'homme. Or, dans une œuvre d'art, on se place par rapport à l'œuvre elle-même et non par rapport au spectateur.

Souvent, la place d'honneur est à la droite du personnage principal. Aussi le Christ est-il « assis à la droite du Père ». Le personnage principal de la crèche, c'est bien sûr Jésus. La place d'honneur revient à Marie, sa mère, « bénie entre toutes les femmes ». Il importe donc que Marie soit à la droite de son Fils (vue d'en face, elle est à gauche), que ce soit dans une crèche, sur un tableau, une icône, etc. Les orthodoxes disent que « la reine doit toujours être placée à la droite du roi » : Marie, tu le sais, est Reine des cieux, des anges, des saints, de l'Église, etc., et le Christ est Roi de l'univers.

Tu retrouveras cette disposition dans presque toutes les œuvres d'art chrétien. Dans les crucifixions, par exemple, le bon larron est à gauche pour nous, à la droite du Christ, le mauvais de l'autre côté. De même, le Christ bénit de sa main droite qui est située à gauche de l'icône ou de la statue, parce que nous sommes en face de lui.

Il y a bien sûr des exceptions, mais c'est que l'artiste s'est trompé... ou qu'il s'en moquait !

N'oublie pas, toi aussi, de dessiner Marie à droite de Jésus (à gauche sur ton dessin !) et de lui réserver la place d'honneur dans ta crèche...

■ « Et le nom de la jeune fille était Marie. »

Luc 1, 27

GRÉGOIRE

# Pourquoi on ne met pas Jésus dans la crèche avant Noël ?

On est toujours très impatients de mettre Jésus dans la crèche ! Elle paraît si vide, quand il n'est pas là.

Très tôt, des chrétiens sont venus prier dans une grotte de Bethléem, là où l'on pensait que Jésus était né. En 1223, saint François d'Assise, souhaitant que l'on se rende compte de la pauvreté dans laquelle était né le Sauveur, décida de reproduire la scène telle que la décrit l'évangéliste saint Luc. Il fit une crèche vivante, avec un bœuf, un âne et plein de moutons !

■ Normalement, une « crèche » est une mangeoire pour les animaux. On utilise aussi ce mot pour désigner l'étable où est né Jésus et les personnages qui étaient présents. La tradition y a ajouté l'âne et le bœuf ainsi qu'une multitude de santons qui ne figurent pas dans l'Évangile.

Nos crèches à nous sont moins remuantes, mais elles ont toujours la même signification. Elles reproduisent, en miniature, la grotte de Bethléem où Jésus est né.

Au début de l'Avent, on commence la crèche : on installe le bœuf et l'âne, la mangeoire pleine de paille, Marie et Joseph. On attend le soir du 24 décembre pour placer l'Enfant Jésus qui vient de naître. On rajoute ensuite les bergers avec leurs moutons, et à l'Épiphanie, les rois mages avec leurs cadeaux. C'est important de faire « pour de vrai » et de mettre les santons au fur et à mesure de leur arrivée à la crèche.

Si tu as préparé ton cœur pendant l'Avent, tu seras prêt à recevoir Jésus. Et c'est en priant devant ce berceau vide que l'on se prépare à l'accueillir.

Tous les chrétiens, le soir de Noël, mettent ensemble l'enfant Jésus dans leurs crèches pour montrer que c'est toute l'Église qui, ayant attendu le Sauveur, l'accueille avec joie. C'est important de le faire « tous ensemble », car Jésus est venu pour tous et c'est lui qui nous rassemble.

# Sait-on si Jésus avait des frères et sœurs ?

Dans l'Évangile, il est plusieurs fois fait mention des « frères » de Jésus. Les habitants de Nazareth les connaissent bien : « N'est-il pas le charpentier, le fils de Marie, et le frère de Jacques, de José, de Jude et de Simon ? Ses sœurs ne sont-elles pas ici chez nous ? » (Marc 6, 3).

La Tradition de l'Église, pourtant, a toujours affirmé que Marie est restée vierge et qu'elle n'a jamais eu d'autre enfant que Jésus. D'ailleurs, dans les évangiles, seul Jésus est appelé « fils de Marie » (Marc 6, 3). Qui sont donc ces frères et sœurs que tout le monde connaît à Nazareth ? Probablement des cousins ou de proches parents. Jacques et José, par exemple, sont les fils d'une autre Marie, Marie de Clopas, qui est près de la Croix avec Marie, mère de Jésus (Marc 15, 40). Les deux Marie sont « sœurs », nous dit saint Jean, c'est-à-dire probablement de la même famille (Jean 19, 25).

En Orient, le sens de la famille est très large. Les frères et sœurs ne sont pas simplement les enfants nés d'un même papa et d'une même maman. Le mot *frère*, en hébreu, peut désigner un frère, un cousin, un cousin de cousin, quelqu'un de la même tribu ou du même village.

Au moment de mourir, Jésus confie Marie, sa mère, à son fidèle disciple Jean. S'il avait eu des frères et sœurs, c'est eux qui se seraient occupés de Marie, Jésus n'aurait pas eu besoin de la confier à Jean. En réalité, c'est surtout Jean, et à travers lui, tous les hommes – que Jésus confie à Marie. Ainsi, elle est devenue la mère de tous les chrétiens. Tu es donc, toi aussi, frère de Jésus !

MARIE-ESPÉRANCE

# Qu'ont fait Marie et Joseph de l'or, de l'encens et de la myrrhe donnés par les rois mages à l'Épiphanie ?

Si l'Évangile de Matthieu nous relate quels cadeaux les rois mages apportèrent à Jésus, il ne nous précise pas ce qu'en firent Marie et Joseph. Nul ne sait donc ce qu'il advint de l'or, de l'encens et de la myrrhe. Ces cadeaux évoquent trois aspects de Jésus qui est roi (l'or), qui est Dieu (l'encens) mais qui est aussi vraiment homme (la myrrhe).

L'or, tu le sais, est une matière très précieuse. C'est parce qu'ils reconnaissent en lui un grand roi que les mages en offrent à Jésus. Ils croient qu'il s'agit du « roi des Juifs » (Matthieu 2, 2). Cet or a-t-il été donné aux pauvres ? A-t-il servi à Joseph pour nourrir sa famille en Égypte ? A-t-il été donné au Temple de Jérusalem ?

L'encens est une résine qui exhale un parfum très odorant lorsqu'on la brûle. Les volutes de fumée qui s'élèvent vers le ciel symbolisent la prière des hommes qui monte vers Dieu. On en brûlait continuellement sur l'autel des parfums du Temple de Jérusalem. Celui qui fut offert à Jésus fut certainement brûlé en signe de prière et d'adoration.

La myrrhe est une plante qui servait à embaumer les morts. En offrir à Jésus, c'est reconnaître qu'il est vrai homme, ayant revêtu un corps mortel. La myrrhe que l'on offrit à Jésus annonçait sa souffrance et sa mort. Servit-elle lors de son ensevelissement ? Probablement pas, puisque saint Marc raconte que Marie Madeleine, Marie (mère de Jacques) et Salomé en achetèrent (Marc 16, 1) au matin de la Résurrection.

HENRI

# Jésus allait-il à l'école ?

À l'époque de Jésus, il n'y avait pas encore d'écoles. C'est à la synagogue que l'on apprenait à lire et à écrire. Le maître était un scribe qui connaissait très bien les Écritures Saintes. Quand il n'y en avait pas, dans les petits villages comme Nazareth, c'était un ancien de la communauté qui prenait les petits en charge.

Comme tous les enfants juifs de son temps, Jésus est probablement allé à la synagogue avec les autres garçons du village.

Pour enseigner la lecture aux enfants, on commençait par leur apprendre l'alphabet, qui ne comprenait que des consonnes. Ensuite, on leur mettait entre les mains de petits textes de l'Écriture Sainte qu'ils connaissaient déjà par cœur. Ils les répétaient en cadence, en déchiffrant les mots au fur et à mesure de leur récitation. Les consonnes écrites n'étaient que des aides pour la mémoire : il fallait avoir entendu plusieurs fois le texte et mémorisé son sens pour pouvoir le déchiffrer correctement. L'apprentissage se faisait donc forcément à haute voix.

■ La synagogue est le lieu où les juifs se rassemblent pour prier et pour étudier. Le jour du sabbat – le jour sacré où ils se reposent et qu'ils consacrent entièrement à Dieu – ils s'y retrouvent pour écouter la lecture de la Loi et des prophètes, que l'un des assistants commente ensuite. La semaine, la synagogue sert d'école pour l'instruction religieuse des enfants.

Il y avait très peu de livres : les seuls disponibles appartenaient à la communauté du village et se trouvaient à la synagogue (ce n'étaient pas des livres reliés, mais de grands rouleaux de parchemin). Les enfants en apprenaient de grands passages par cœur : ils exerçaient bien leur mémoire, c'est fou tout ce qu'ils pouvaient retenir ! D'ailleurs, le mot *talmud* (commentaire de la parole de Dieu) signifie littéralement « su par cœur ».

Jésus citait parfaitement de mémoire de longs passages de l'Écriture Sainte. Il savait bien lire aussi, puisqu'une fois nous le voyons à la synagogue de Capharnaüm lire un passage du Livre d'Isaïe. N'est-ce pas émouvant de penser qu'il lisait des textes que nous pouvons lire aussi, aujourd'hui, dans l'Ancien Testament ?

MARIE-CHRISTINE

# Pourquoi Jésus a-t-il reçu le baptême ?

■ « Que chacun de vous se fasse baptiser au nom de Jésus Christ ! »

Actes 2, 38

Jean Baptiste, celui qui a baptisé Jésus, s'est posé la même question ! Comme toi, il s'est dit : « Puisqu'il est déjà saint, que peut donc lui apporter le baptême ? » Il en fait la remarque à Jésus : « C'est moi qui ai besoin de me faire baptiser par toi, et c'est toi qui viens à moi ! » (Matthieu 3, 14). Mais Jésus insiste et Jean le baptise donc. Et ce baptême est l'occasion d'un événement incroyable : l'Esprit Saint descend sur le Christ sous la forme d'une colombe, et du ciel une voix se fait entendre : « Celui-ci est mon Fils bien-aimé qui a toute ma faveur » (c'est-à-dire « tout mon amour »). Par ce baptême, Dieu lui-même révèle que Jésus est son Fils, le Messie tant attendu !

Jésus est « vrai Dieu et vrai homme », il vit pleinement notre condition humaine (à l'exception du péché). En se présentant avec les pécheurs pour se faire baptiser, il prend déjà sur lui les péchés de tous les hommes. C'est à la fois un acte d'humilité et de charité.

Par ce baptême, enfin, Jésus sanctifie l'eau de tout baptême. Voici ce qu'en disait saint Maxime, au V^e siècle : « Jésus n'a pas été baptisé afin d'être rendu saint par l'eau mais afin que lui-même rende l'eau sainte. C'est sa pureté qui purifie l'eau qui nous baptise. » Alors, vraiment, ce n'est pas pour rien qu'il a été baptisé !

Toi aussi, par le baptême, tu as reçu cette force d'en haut, toi aussi tu as été appelé « fils de Dieu » ! Quel cadeau ! Quelle joie !

# Qui étaient les scribes ? Pourquoi est-ce que Jésus ne les aimait pas ?

Au temps de Jésus, les scribes sont des personnages prestigieux car ils sont très savants. Ils ont longuement étudié la Loi de Moïse et la tradition des Anciens, qu'ils sont chargés de transmettre et d'interpréter. Ils sont incollables ! Vêtus de leur longue robe, ils enseignent au peuple. Ce sont eux qui lui disent comment vivre pour être fidèles à Dieu, car la Loi régit toute la vie quotidienne. Ils font l'école aux enfants, rendent la justice dans les tribunaux et siègent au sanhédrin : leur pouvoir et leur influence sont immenses. Dans les synagogues comme ailleurs, on leur réserve la place d'honneur et on les appelle respectueusement Rabbi, ce qui veut dire « maître ».

Je crois, Guillaume, que Jésus aime tout le monde, même les scribes. En revanche, il ne semble pas tellement aimer leurs manières et leurs agissements. Pourquoi ? Parce qu'ils sont orgueilleux. Ces hommes qui accusent Jésus de ne pas respecter la Loi profitent de leur science et de leur prestige non pour servir Dieu comme ils le devraient, mais pour leur propre gloire. À force de parler de la Loi, ils oublient qu'elle doit être au service des hommes et non l'inverse (Marc 2, 27). Leur cœur est fermé au message d'amour de Jésus. En plus, ils voient bien que le peuple l'aime et l'écoute et ils craignent de perdre leur influence : autant te dire qu'ils ne l'aiment pas beaucoup !

Tu vois, Guillaume, connaître l'Évangile ou savoir des choses sur Jésus, c'est bien, mais encore faut-il mettre en pratique ses commandements...

■ Présidé par le grand prêtre, le sanhédrin est une assemblée qui contrôle la vie religieuse et administrative de tous les juifs, qu'ils habitent en Palestine ou ailleurs. Ce conseil juge également les délits les plus graves commis contre la Loi de Dieu : c'est le tribunal suprême du peuple juif.

LOUIS

# Lorsque Jésus fait un miracle, pourquoi demande-t-il de ne rien dire à personne ?

■ Les disciples sont ceux qui suivent Jésus et reconnaissent en lui leur maître. Ils écoutent son enseignement et le mettent en pratique. Jésus les a appelés, ils ont su répondre à son appel.

La plupart du temps, lorsque Jésus fait un miracle, il le fait ouvertement. Chaque guérison, chaque multiplication des pains, chaque exorcisme est un signe pour les gens : il leur montre que Jésus est vraiment l'Envoyé de Dieu et que le Royaume de Dieu est là, en lui. Chaque miracle est l'expression de l'amour de Dieu. Il invite les gens à se tourner vers lui, à changer leur cœur et à croire en lui.

Ces miracles « physiques », pourtant spectaculaires, ne sont en réalité que des signes d'un miracle plus grand encore, qui est la guérison du péché. Le péché, tu sais, est une réalité bien plus terrible encore que la maladie. Mais un signe, ce n'est pas toujours très facile à comprendre et cela peut parfois être mal interprété. C'est pour cela que Jésus reste souvent discret et qu'il recommande le silence. L'évangéliste Marc raconte, par exemple, la guérison d'un lépreux. « Jésus lui dit : "Garde-toi d'en parler à personne". » Mais que fit ce lépreux, tout heureux d'être guéri ? « Il se mit à proclamer et à répandre la nouvelle, de sorte qu'il n'était plus possible à Jésus d'entrer ouvertement dans une ville » (Marc 1, 40 et suivants). Jésus ne veut pas que les gens se précipitent sur lui comme s'il était un magicien. Il ne veut pas être considéré comme un guérisseur, ni comme un roi. Il sait bien, lui, qu'il faudra qu'il passe par la souffrance, la mort et la Résurrection, pour sauver tous les hommes de la mort et du péché.

ÉLOI

# Pourquoi, quand Jésus fait des miracles à Nazareth, ça ne marche pas ?

Je vois, Éloi, que tu aimes les trucs efficaces, les trucs qui « marchent » !

Tu penses certainement au récit de Jésus enseignant dans la synagogue de Nazareth (Matthieu 13, 54). Les gens le connaissent bien et s'étonnent de l'entendre parler avec une telle autorité : « D'où lui viennent cette sagesse et ces miracles ? N'est-il pas le fils du charpentier ? » Ils ne peuvent pas croire que ce Jésus qu'ils ont connu tout petit, qu'ils ont vu grandir et dont ils connaissent bien la famille puisse être le Messie ! L'évangile conclut ainsi : « Et il ne fit pas beaucoup de miracles à cet endroit-là à cause de leur manque de foi. » Ce n'est pas parce que Jésus est moins en forme que « ça ne marche pas », c'est parce qu'il a volontairement fait moins de miracles qu'ailleurs. Non pas pour punir les gens de Nazareth, mais parce qu'il voit (avec tristesse) qu'ils ne croient pas en lui et ne lui font pas confiance.

Un miracle, ce n'est pas un truc magique, c'est une réponse que Dieu donne à ceux qui s'adressent à lui avec amour et confiance ; encore faut-il voir, au-delà du prodige, ce que Dieu vient dire. Ce signe, on ne le voit bien qu'avec les yeux de la foi, on ne l'accueille vraiment que si l'on est prêt à ouvrir son cœur à l'amour de Dieu et si l'on comprend à quel point on a besoin de lui. Les gens de Nazareth n'ont pas su recevoir Jésus, ils ont gardé leur cœur fermé. Et toi, es-tu prêt à l'accueillir ? Et à garder la foi, même si ce que tu demandes à Dieu ne « marche » pas ?

ANNE-LISE

# Pourquoi Jésus n'a-t-il rien écrit dans la Bible ?

Son enseignement, Jésus le dispense par oral, selon la coutume. Ses disciples trouvent cela tout à fait naturel et, leur mémoire étant très exercée, ils en retiennent l'essentiel. Saint Thomas d'Aquin pensait également que Jésus avait un enseignement si extraordinaire à donner qu'il n'a pas voulu « l'enfermer » dans un écrit qui l'aurait limité. De plus, à ce moment-là, l'écrit est surtout réservé aux textes de loi. Jésus, lui, se situe à un tout autre niveau : sa loi est surtout celle de l'amour, il est lui-même Parole de Dieu.

Après sa mort et sa Résurrection, les apôtres transmettent aux nouveaux baptisés l'enseignement qu'ils ont reçu de Jésus. Lorsque les premiers apôtres meurent, tout cela est mis par écrit afin que leur témoignage ne disparaisse pas avec eux.

L'évangile de Marc est achevé vers 65-70, ceux de Matthieu et Luc vers 75-80 et celui de Jean vers 95, soit de nombreuses années après la mort et la résurrection de Jésus. Ces textes sont rédigés à partir du témoignage des apôtres mais aussi – et surtout – grâce à l'intervention de l'Esprit Saint. C'est pourquoi l'Église enseigne que les quatre évangiles ont Dieu pour auteur. Jésus n'a rien écrit directement dans des livres, mais il est, lui-même, le Verbe, c'est-à-dire la Parole de Dieu faite homme.

■ « Nous sommes les témoins de tout cela, avec l'Esprit Saint, que Dieu a donné à ceux qui lui obéissent. »

Actes 5, 32

ADÉLAÏDE

Aux jeunes filles qui avaient oublié
de l'huile pour leur lampe,
le Seigneur crie :
« Je ne vous connais pas »
C'est dur !

Cette parabole (Matthieu 25, 1-13) nous parle de la rencontre que nous ferons au jour de notre mort. L'époux qui arrive, tu l'as bien compris, c'est le Seigneur. La lampe, c'est notre cœur. Et l'huile ? « Les gouttes d'huile, ce sont les petites choses de la vie de tous les jours : la fidélité, la ponctualité, les paroles de bonté, notre manière de faire silence, de regarder, de parler et d'agir. Voilà les véritables gouttes d'amour qui font brûler notre vie ! » (Bienheureuse Mère Teresa).

Ces jeunes filles, au fond, ne se sont pas vraiment préparées à accueillir l'Époux. Leur lampe est vide car elles ont « oublié » d'aimer et leur cœur s'est fermé à Jésus. Il ne s'agit pas d'une simple étourderie mais d'une négligence constante. Or Jésus ne s'impose jamais, il n'oblige personne à l'accueillir. Oui, parfois, Jésus semble dur pour ceux qui refusent d'aimer, mais sa miséricorde est infinie pour ceux qui se convertissent. Certains passages de l'Évangile nous montrent que l'on peut remplir notre lampe jusqu'au dernier instant de notre vie, comme le bon larron. Mais après notre mort, nous ne le pourrons plus. Si nous avons toujours refusé d'aimer, ne serait-ce qu'un tout petit peu, notre cœur sera incapable d'accueillir Jésus.

Souviens-toi, chaque goutte d'huile est une goutte d'amour. Au moment de le rencontrer, ce sont toutes ces gouttes qui te permettront d'accueillir l'Époux pour vivre avec lui pour toujours. Remplis ta lampe, Adélaïde, remplis-la à ras bord !

LOUIS-MARIE

# J'ai envie de savoir pourquoi Jésus s'est fait pauvre.

« Jésus Christ, [...] qui est riche, [...] est devenu pauvre à cause de vous, pour que vous deveniez riches par sa pauvreté » (2 Corinthiens 8, 9). En voilà, une drôle d'explication !

Pauvre, Jésus l'est d'abord parce que le Fils de Dieu se fait homme par obéissance pour le Père et par amour pour nous. Lui, le Seigneur, « le chef et Sauveur », le Fils unique de Dieu s'est fait serviteur. Il est mort comme le pire des esclaves, il s'est « abaissé », « anéanti » pour nous.

Pauvre, Jésus partage la vie des pauvres. Il naît dans la pauvreté d'une étable, il travaille dans la simplicité d'un atelier de charpentier, il voyage à pied sur les routes poussiéreuses de Palestine, il meurt comme un bandit sur la Croix. Il connaît la faim, la soif, le froid, la fatigue, l'humiliation. Jésus s'est fait pauvre pour que les pauvres puissent l'approcher sans crainte. S'il avait été un grand seigneur richement vêtu, crois-tu que les lépreux, les boiteux, les aveugles, les malades auraient osé l'approcher ? Certainement pas. Pauvre lui aussi, Jésus partage leur misère et les réconforte en leur apportant l'amour de Dieu. Sa mission ? « Porter la Bonne Nouvelle aux pauvres » (Luc 4, 18) car, c'est à eux qu'appartient le Royaume des cieux (Matthieu 5, 3). Sais-tu pourquoi ? Parce que leur pauvreté est un chemin vers Dieu. L'homme riche ne peut rien recevoir de Jésus car il croit qu'il n'a besoin de rien. Le pauvre, lui, attend tout de Jésus et son cœur est ouvert. Il est libre de le suivre, il lui fait confiance.

Juste avant sa Passion, Jésus lave les pieds de ses disciples, il leur apprend qu'en servant les autres, on se fait pauvre avec eux. Il « nous enrichit de sa pauvreté » en nous apprenant que celle-ci est une attitude du cœur, en nous montrant que la vraie richesse n'est pas dans notre porte-monnaie mais au fond de notre âme qui attend tout de Dieu et qui sait qu'elle n'est rien sans lui. « Heureux les pauvres » : ils reçoivent gratuitement l'amour infini de Dieu !

LÉON

# Qu'est-ce que ça veut dire : « l'Agneau de Dieu » ?

Le peuple de Dieu était un peuple de bergers. Les troupeaux étaient toute leur richesse et lorsqu'ils offraient un bel agneau à Dieu, c'était un cadeau qui leur coûtait cher. L'homme participait au sacrifice de l'animal en le mangeant après l'avoir immolé : en mangeant ce qui appartenait désormais à Dieu, il communiait avec lui.

Plus tard, l'agneau est devenu un signe de reconnaissance et de rédemption : chaque année, le jour de la fête de Pâques qui célébrait leur libération d'Égypte, les hébreux mangeaient « un agneau d'un an, sans tache ». Son sang, badigeonné sur le linteau des portes, signalait leur appartenance à Dieu et les protégeait (Exode 12, 5). Bien plus tard, deux grands prophètes, Jérémie et Isaïe, ont annoncé la venue d'un serviteur de Dieu « doux comme un agneau », par qui viendrait le salut.

Ce serviteur, cet « agneau sans tache » (c'est-à-dire sans péché), tu l'as compris, c'est Jésus. Jean Baptiste le désigne à ses disciples comme « l'agneau de Dieu qui enlève le péché du monde » (Jean 1, 29). Te souviens-tu du récit de sa Passion ? Jésus reste muet, doux « comme l'agneau mené à l'abattoir ». Il s'offre en sacrifice pour libérer tous les hommes du péché et de la mort : son sang « versé pour la multitude en rémission des péchés », son sang offert à chaque eucharistie est le signe de notre salut. L'agneau pascal, désormais, c'est Jésus. Et nous pouvons, avec Jésus, nous offrir à Dieu. Plus seulement nos biens, nos animaux, mais nous-mêmes. Quel honneur !

■ Jésus est venu donner sa vie pour nous libérer, nous sauver du péché et de la mort, il nous a aimés « jusqu'au bout », jusqu'à donner sa vie pour nous : c'est ce que l'on appelle la Rédemption.

GUILLAUME

# Pourquoi Jésus ne se défend pas quand les soldats viennent l'arrêter ?

Plusieurs fois, Jésus est confronté à des gens menaçants. Te souviens-tu de ce qu'il enseigne à ses disciples : « Aimez vos ennemis, et priez pour ceux qui vous persécutent » (Matthieu 5, 44) ? À chaque fois, ses adversaires sont comme empêchés de lui faire du mal. Mais à Gethsémani, c'est différent et Jésus le sait : cette fois, il va être crucifié. Pourtant, là non plus, il ne se défend pas et refuse l'aide de Pierre qui, sortant son épée, veut le protéger. Il guérit même le soldat que Pierre a blessé ! Jésus, alors, lui explique pourquoi il ne se défend pas : « Est-ce que je vais refuser la coupe que le Père m'a donnée à boire ? » (Jean 18, 11). Par ces mots, qui peuvent sembler bien mystérieux, Jésus signifie qu'il se soumet à la volonté de son Père du Ciel dans une obéissance parfaite.

Celui que Jean Baptiste appelle « l'Agneau de Dieu » se laisse faire. Sais-tu que l'agneau est le seul animal à ne pas résister lorsqu'on s'apprête à le tuer ? Humble et doux comme un agneau, Jésus s'offre à Dieu, il donne sa vie pour que tous les hommes soient sauvés de la mort et du péché. Il ne se défend pas car il accepte librement de donner sa vie : « Personne n'a pu me l'enlever : je la donne de moi-même » (Jean 10, 18). Et ce sacrifice, le plus parfait qui soit, nous montre de quel amour il aime son Père et de quel amour il aime chacun de nous.

APOLLINE ET THÉOPHANE

# Est-ce qu'on connaît la date de la Passion ?

Ni les évangiles, ni les historiens ne nous donnent précisément la date de la mort de Jésus. Il n'y avait pas à l'époque de calendrier civil, uniquement un calendrier religieux.

L'année ? Nous l'ignorons. À peu près entre 28 et 33.

Le mois ? C'est plus facile à déterminer. Jésus a souffert sa Passion au moment de la Pâque juive. Or, c'est une fête de printemps, célébrée durant la semaine des pains sans levain et toujours le 14 du mois de Nisan dans le calendrier juif. Cela correspond, selon les années, à la fin du mois de mars ou au début du mois d'avril dans notre calendrier. Nous sommes donc sûrs que Jésus est mort fin mars-début avril.

Le jour ? D'après les évangiles, Jésus est mort juste avant que ne commence le repos du sabbat, donc un vendredi. Et il ne s'est produit que deux fois, dans le temps où Pilate était préfet du pays (de 26 à 36), que ce jour soit un 14 du mois de Nisan : le 7 avril 30 et le 3 avril 33. Les biblistes préfèrent généralement la première date. Mais ce ne sont que des hypothèses, à prendre avec prudence.

Quelle que soit la date, ce qui est sûr, c'est que ni toi ni moi n'étions présents quand Jésus est mort. Heureusement il y a la messe ! Elle permet à tous les chrétiens de contempler la Passion. À chaque messe, c'est le sacrifice de Jésus qui est rendu présent. Nous pouvons nous y associer de tout notre cœur, comme Marie au pied de la Croix, en faisant mémoire de la mort et de la Résurrection du Seigneur.

# Elle faisait quel poids, la Croix ? Et quelle taille ?

Les évangiles donnent peu de détails sur le déroulement de la crucifixion, et aucun sur la Croix elle-même ; c'était un supplice connu à cette époque, il n'était donc pas nécessaire de le décrire. Le condamné portait généralement le *patibulum*, c'est-à-dire la poutre horizontale, jusqu'au lieu du supplice. Ce *patibulum* était ensuite fixé sur un poteau vertical solidement planté dans le sol, qui servait à plusieurs suppliciés à la suite.

Les évangélistes disent simplement que Jésus portait lui-même sa Croix. Ils ne précisent ni sa taille ni son poids. Ils ne disent pas non plus si Jésus portait une Croix entière ou si, comme la plupart des condamnés, il portait seulement le *patibulum*. Depuis toujours, cependant, on représente Jésus portant une Croix entière. Une Croix si pesante que, selon la Tradition, Jésus serait tombé trois fois en la portant sur ses épaules. Les Romains réquisitionnent finalement Simon de Cyrène pour aider Jésus car il n'en peut plus... Non seulement la Croix était lourde, mais en plus Jésus avait sans doute passé une nuit sans dormir, et il venait d'être durement flagellé.

Pourquoi est-elle si lourde, cette Croix ? D'abord, parce qu'une grande poutre en bois, c'est lourd. Ensuite, parce qu'elle est chargée de tous nos péchés mais aussi de nos misères, de nos souffrances.

Est-elle grande, cette Croix ? Probablement, puisqu'un soldat donne à boire à Jésus avec une éponge imprégnée de vinaigre qu'il a plantée au bout d'une branche d'hysope...

SOAZIG

# Pourquoi y a-t-il des croix au bord des chemins ?

Que c'est beau, toutes ces croix au bord des chemins ! Elles ont été placées là par des chrétiens en signe de leur foi. Elles sont le rappel de l'amour de Dieu pour les hommes.

Édifiées au « croi(x)sement » des chemins, elles rappellent la Croix par laquelle Jésus nous a sauvés mais aussi qu'il nous faut choisir le bon chemin, celui indiqué par la Croix du Christ.

Certaines ont été élevées pour remercier Dieu d'une protection particulière. Un grand nombre de calvaires bretons, par exemple, ont été érigés pour demander au Seigneur sa protection lors de la grande épidémie de peste de 1598 ou en action de grâce lorsque celle-ci s'est enfin terminée.

D'autres croix ont été dressées lors de « missions » prêchées dans les paroisses. Ces « missions » étaient des moments intenses de prière et d'enseignement qui réunissaient tous les paroissiens. La croix leur rappelait leur engagement à mieux vivre avec Jésus. Ainsi, où qu'ils aillent, les hommes se souvenaient, en les rencontrant, que c'est Dieu qui donne sens à leur vie et à leur travail.

À toi aussi, ces croix de pierre ou de fer rencontrées au hasard des chemins te rappellent que Dieu est présent dans ta vie. Elles t'invitent à prier, à louer le Seigneur pour le don qu'il nous a fait de sa vie.

Que c'est beau, ce rappel de la présence de Dieu dans les champs, sur les chemins, sur les places des villages ! Oui, vraiment, tu vois, Jésus est présent partout, il est au milieu de nous.

« Jésus, portant lui-même sa Croix, sortit en direction du lieu dit : Le crâne, ou calvaire, en hébreu : Golgotha. Là, ils le crucifièrent [...]. »

Jean 19, 17-18

PAOLA

# Est-ce que Jésus est vraiment mort pour de vrai comme nous ?

Oui, Paola, Jésus est vraiment mort, il n'a pas fait semblant. De la même façon que Jésus a eu vraiment faim ou vraiment soif, qu'il a vraiment été fatigué lors de ses multiples marches en Palestine avec ses apôtres, il a vraiment souffert et il est vraiment mort sur la Croix. Le Fils de Dieu a accepté de se faire homme pour venir nous sauver de la mort et du péché. À l'exception du péché, il a tout partagé avec nous, même la mort. Ce qui est le plus extraordinaire, c'est que Jésus n'a pas simplement partagé avec nous l'épreuve de la mort, mais il l'a même offerte pour nous, par amour pour son Père et pour les hommes. « Ma vie, personne n'a pu me l'enlever : je la donne de moi-même », dit-il à ses disciples (Jean 10, 18).

Et Jésus, en plus, n'est pas resté mort cinq petites minutes. Non, il a « goûté la mort », dit saint Paul, c'est-à-dire qu'il a connu, comme tout homme, la séparation entre son âme et son corps. C'est le mystère du samedi saint : Jésus est déposé dans un tombeau bien fermé, pleuré par sa mère et ses disciples. Comme pour nous, sa mort a mis fin à son existence terrestre mais, contrairement à nous, elle n'a pas dégradé son corps. Celui-ci, en effet, a été préservé de la décomposition qui atteint tout corps humain mort.

Jésus est vraiment mort, mais il est aussi vraiment ressuscité. Par sa Résurrection, il nous ouvre les portes du ciel. À sa suite, nous aussi, nous ressusciterons. Jésus a vaincu la mort, il est vivant, alléluia !

■ « Ce Jésus, Dieu l'a ressuscité ; nous tous, nous en sommes témoins. »

Actes 2, 32

JOSSELIN

# Pourquoi Jésus est-il allé en enfer ?

Jésus « est descendu aux enfers et le troisième jour est ressuscité d'entre les morts », dit le Symbole des Apôtres – qu'on appelle aussi le *Credo*. As-tu remarqué que l'on ne dit pas « en » enfer mais « aux » enfers ? Ce petit mot mis au pluriel change tout.

L'enfer (au singulier), c'est l'état de l'homme qui refuse Dieu. Jésus, qui est Dieu, Fils du Père, ne peut pas être séparé de Dieu ! C'est impossible. Jésus est tout amour et il ne peut refuser l'amour, c'est-à-dire se refuser lui-même. Il ne peut donc pas avoir été « en enfer ». Il en parle cependant parfois : plusieurs passages de l'Évangile nous mettent en garde, car nous, nous pouvons refuser Dieu, et cela est source d'une grande souffrance.

Jésus, nous dit le Symbole des Apôtres, est allé « aux enfers ». Pour le Peuple de la Bible, les enfers (au pluriel) étaient le lieu provisoire où se trouvaient les morts. Après sa mort sur la Croix et avant de ressusciter, Jésus est descendu dans ce lieu afin que « les morts entendent la voix du Fils de Dieu et que tous ceux qui l'auront entendue vivent » (Jean 5, 25). Un peu plus loin, dans le *Credo*, on dit aussi : « Il est venu sauver les vivants et les morts et son règne n'aura pas de fin. » Il y en avait beaucoup, des gens qui étaient morts avant la Résurrection de Jésus ! Il fallait bien qu'ils aient leur place dans le Royaume de Dieu, eux aussi. Alors, Jésus est allé leur proposer de vivre éternellement avec lui dans l'amour de Dieu, il leur a ouvert les portes du ciel.

LÉONIE

# Jésus est ressuscité ? Mais ça ne se peut pas !

Notre intelligence aime expliquer les choses, savoir « comment ça marche ». C'est pour cela que l'homme a toujours cherché à comprendre l'univers dans lequel il vit : pourquoi la Terre tourne, comment les abeilles se repèrent, qu'est-ce qu'il y a au fond de la mer, etc. Les savants nous expliquent des tas de choses passionnantes sur le monde qui nous entoure mais il y a encore beaucoup de choses qu'ils n'arrivent pas à expliquer. Ce n'est pas pour autant que ces choses-là n'existent pas, mais c'est parfois difficile de croire ce que l'on ne comprend pas.

Ainsi en est-il de la Résurrection. Nous, chrétiens, nous croyons que Jésus, qui était vraiment mort, est revenu à la vie et qu'il est vraiment vivant auprès de Dieu. Nous savons que, par la puissance de l'Esprit, Dieu l'a ressuscité, mais nous ne pouvons pas dire comment cela a été « techniquement » possible. Malgré toute leur science, les savants ne le sauront jamais. Sais-tu pourquoi ? Parce que la Résurrection de Jésus n'est pas d'abord une énigme scientifique mais un mystère de la foi : c'est par la foi que l'on peut le saisir ; notre intelligence ne suffit pas. Ce n'est pas une logique scientifique mais une logique d'amour : Dieu nous aime et veut que nous vivions. Et cela rejoint ce qui est au fond de notre cœur : le désir d'être aimé et de vivre pour toujours. L'essentiel, ce n'est pas tant de savoir comment ça s'est passé que de comprendre pourquoi.

HENRI

# Est-ce que Jésus savait qu'il allait ressusciter ?

Oui, Henri, Jésus savait qu'il allait ressusciter. Jésus, tu sais, est le Fils de Dieu. Il est si proche de son Père qu'il partage tout avec lui. Il sait donc qu'il va donner sa vie pour tous les hommes puis ressusciter. Il le fait tout à fait librement car il est totalement accordé à la volonté de son Père. Il sait ce qu'il va devoir souffrir pour nous, il s'y prépare. Jésus prépare ses disciples à sa mort et à sa Résurrection. Trois d'entre eux – Pierre, Jacques et Jean – assistent à sa Transfiguration : Jésus, resplendissant de lumière, leur montre sa gloire divine. C'est une manière d'annoncer sa Résurrection mais ils ne l'ont compris que bien plus tard. Sur le moment, d'ailleurs, Jésus leur recommande le silence : « Ne parlez de cette vision à personne avant que le Fils de l'homme soit ressuscité d'entre les morts » (Matthieu 17, 9).

Plus tard, Jésus annonce clairement à ses disciples ce qui va lui arriver. Par trois fois, en effet, il leur dit ceci : « Le Fils de l'homme va être livré aux mains des hommes ; ils le tueront et, le troisième jour, il ressuscitera » (Matthieu 16, 21 ; 17, 22 ; 20, 17). Il le dit également aux pharisiens mais de manière plus voilée : « Détruisez ce Temple, et en trois jours je le relèverai » (Jean 2, 19). Ce temple, c'est son corps, mais eux croient que Jésus leur parle du Temple de Jérusalem.

Nous aussi, depuis la Résurrection de Jésus, nous savons que nous allons ressusciter. Jésus nous enseigne que le chemin vers la Résurrection, c'est de donner notre vie par amour, comme lui.

« Je suis la Résurrection et la Vie, dit-il à son amie Marthe.
Celui qui croit en moi, même s'il meurt, vivra […]. Le crois-tu ? »

Jean 11, 25

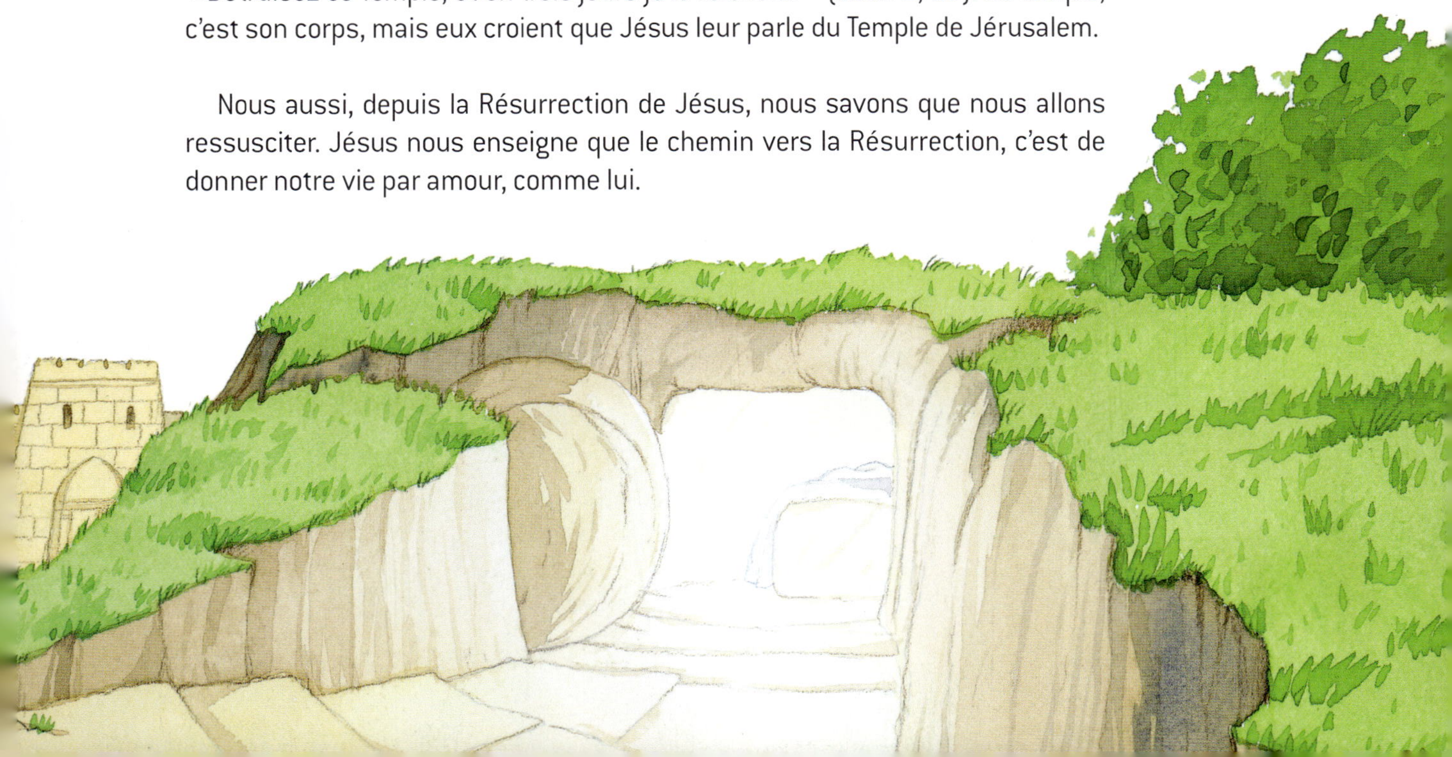

CORENTIN

# Pourquoi Jésus est-il assis à la droite de Dieu ?

Lorsque tes parents ont des invités – pour ton anniversaire, par exemple – on place à leur droite ceux que l'on veut particulièrement honorer (les plus âgés, par exemple). Être à droite du maître de maison, c'est un honneur ! Pour Dieu, cette expression surprend un peu : il n'a ni droite, ni gauche et n'est pas assis sur un trône comme la reine d'Angleterre ! Pourtant, cette image est très riche en signification...

Le « trône » de Dieu évoque sa puissance et sa royauté. Jésus s'assied à la droite de Dieu, parce que c'est la place d'honneur : il est son Fils, son égal. Ainsi s'accomplit la vision du prophète Daniel : « Et il lui fut donné domination, gloire et royauté ; tous les peuples, toutes les nations et toutes les langues le servirent. Sa domination est une domination éternelle, qui ne passera pas, et sa royauté, une royauté qui ne sera pas détruite » (Daniel 7, 14).

La droite, dans le langage biblique, est également un symbole de puissance. La main droite, celle qui tient l'épée, n'est-elle pas la plus forte des deux ? Elle protège ceux qui sont assis de son côté et leur donne sa force : aussi Jésus, « exalté par la droite de Dieu » (Actes 2, 33), devient-il l'instrument de sa main puissante. Lorsque Jésus « reviendra dans la gloire pour juger les vivants et les morts », nous le verrons « siéger à la droite du Tout-Puissant » (Matthieu 26, 64). Il mettra à sa droite « les bénis de [son] Père », ceux qui, leur vie durant auront servi Jésus en chacun de leurs frères. Ceux-là auront la vie éternelle (Matthieu 25, 31-46). Jésus est « à droite » de Dieu pour qu'à notre tour, nous soyons à sa droite. La droite de Dieu, c'est l'endroit où ceux qui l'aiment goûteront « les délices éternelles » (Psaume 16, 11). Toi aussi, Corentin, ta place est à droite !

« Si donc vous êtes ressuscités avec le Christ, recherchez les réalités d'en haut : c'est là qu'est le Christ assis à la droite de Dieu. »

Colossiens 3, 1

# L'Esprit Saint et l'Église

GAËLE

# Pourquoi dit-on que l'Esprit Saint souffle ?

Ton Père du ciel, tu sais qui il est. Tu le pries en disant : « Notre Père, qui es aux cieux… » Jésus, le Fils de Dieu, tu le connais bien aussi. Tu connais sa vie et son enseignement grâce à l'Évangile. Mais qui donc est le Saint-Esprit ?

Le Saint-Esprit est l'amour qui unit le Père et le Fils. Cet amour si fort est une autre personne. C'est l'Amour en personne !

C'est un grand discret, ce Saint-Esprit ! Il nous parle du Père et du Fils mais jamais de lui. Alors, parfois nous l'oublions. Et pourtant, il est tout aussi important : il est Dieu, vraiment Dieu. Il est caché, mais qu'est-ce qu'il travaille ! Il nous fait connaître Jésus et nous fait entendre la Parole du Père. Il prépare nos cœurs à les accueillir et à les aimer.

On dit qu'il « souffle », car il peut être comparé au vent. Souffle-t-il en tempête ? C'est la force irrésistible de l'Esprit et sa puissance créatrice. Souffle-t-il doucement ? C'est sa présence rassurante.

Le vent, on ne le voit pas, mais on voit ce qu'il fait : il fait tourbillonner les feuilles mortes et claquer les portes. Avec l'Esprit, c'est un peu pareil : on ne le voit pas, mais on voit ce qu'il fait en nous. Ouvre-lui tout grand ton cœur pour qu'il vienne y faire tourbillonner la vie de Dieu !

■ Croire en Dieu, c'est croire au Père, au Fils et à l'Esprit Saint. Il y a donc bien trois personnes différentes mais elles sont si proches les unes des autres qu'on ne peut les séparer. C'est ce que l'on appelle la Sainte Trinité : un seul Dieu en trois personnes.

# Quels sont les symboles de l'Esprit Saint ?

L'Esprit Saint, présence de Dieu en nous, est souvent évoqué sous la forme d'un feu. C'est un feu d'amour qui rassemble les hommes, les réchauffe et les éclaire. Comme le feu purifie l'or, le feu de l'Esprit Saint nous transforme et brûle en nous tout ce qui fait obstacle à l'amour de Dieu. Attention ! Il ne faut surtout pas le laisser s'éteindre !

L'eau est aussi un symbole de l'Esprit qui donne la vie. L'eau du baptême, par l'action du Saint-Esprit, nous donne la vie de Dieu. Lorsque Jésus est baptisé dans le Jourdain, l'Esprit Saint se manifeste sous la forme d'une colombe et repose sur lui. Symbole de l'amour et de la paix, la colombe évoque l'Esprit d'Amour qui repose dans le cœur des baptisés.

Par la lumière et la nuée, l'Esprit révèle Dieu et manifeste sa gloire.

Par l'onction d'huile parfumée, nous sommes marqués du sceau de l'Esprit. Nous dégageons « la bonne odeur du Christ », nous lui appartenons pour toujours. Nous sommes tout entiers consacrés par l'Esprit qui nous instruit, nous guide et nous conduit à la Vérité.

C'est par l'imposition des mains que les apôtres, au nom de Jésus et par la puissance de l'Esprit, guérissaient les malades. Par ce geste, les prêtres nous communiquent le don de l'Esprit Saint.

■ « Quand il viendra, lui, l'Esprit de vérité, il vous guidera vers la vérité tout entière. »

Jean 16, 13

AUGUSTIN

# Les anges existent-ils ?

Oui, Augustin, les anges existent. C'est une vérité de foi contenue dans le Credo que nous récitons à la messe chaque dimanche : « Je crois en Dieu, créateur du ciel et de la terre, de l'univers visible et invisible ». Les anges font partie de cet univers invisible. La Bible en parle beaucoup, d'ailleurs. Certains ont même un nom ! Dans l'évangile, on les « voit » servir Jésus, l'accompagner, le réconforter.

Comment sont-ils ? L'Écriture ne précise pas quand Dieu a créé les anges mais, selon saint Augustin, ils auraient été créés au même instant que la lumière. C'est une belle idée car elle met en évidence que les anges sont des êtres de lumière qui rayonnent de la gloire de Dieu qu'ils contemplent en permanence. Pourtant, ce sont des « êtres spirituels », c'est-à-dire des êtres qui ont une intelligence et une volonté mais pas de corps. Comme ils n'ont pas de corps, ils n'ont pas d'aspect (on ne les voit pas), ils ne mangent pas, ne boivent pas, ne dorment pas. Ils peuvent ainsi veiller sur nous et prier 24 heures sur 24 ! Sans se fatiguer !

■ « Vous tous, les anges du Seigneur, bénissez le Seigneur. »

Daniel 3, 58

Que font-ils ? Les anges sont les envoyés de Dieu. Aussi, l'ange Gabriel est-il venu annoncer à Marie puis à Joseph la naissance de Jésus. Saint Thomas d'Aquin disait que les anges participent à tout ce qui est bon pour les hommes. Les anges, en effet, nous protègent, nous guident vers le Seigneur et prient pour nous. L'Église et les hommes bénéficient de leur aide efficace. Les anges nous aiment et participent au projet de Dieu qui veut que tous soient sauvés. C'est pourquoi ils se réjouissent avec Dieu lorsque les hommes tournent leur cœur vers lui.

# Pourquoi représente-t-on souvent les anges avec des ailes ?

Ce n'est pas d'aujourd'hui que les anges « ont » des ailes ! De très anciennes traditions mésopotamiennes et perses les représentent avec des ailes, manifestant leur beauté et leur capacité à « s'envoler » au-dessus de la condition humaine, c'est-à-dire à échapper à la mort. La Bible a probablement emprunté à la culture mésopotamienne ses chérubins qui protègent l'Arche de Dieu de leurs ailes déployées.

Le mot «ange» vient du grec *angelos* qui veut dire « messager ». Les anges, en effet, sont les messagers de Dieu. Leurs ailes nous révèlent leur fonction : elles manifestent l'incroyable empressement avec lequel ils portent leurs messages. Elles montrent avec quelle facilité et quelle rapidité ils se transportent, en un instant, d'une extrémité du monde à l'autre, pour exécuter les ordres de Dieu. Les ailes sont souvent blanches pour montrer qu'ils sont immatériels, purs esprits, mais Fra Angelico le seul peintre béatifié les représente, avec des ailes de couleurs vives, car il disait qu'il n'y a pas de raison que Dieu les ait moins bien dotés que les papillons !

Mais cela ne rend pas compte de leur autre mission, qui est de chanter éternellement la louange de Dieu. Voilà pourquoi le peintre Van Eyck supprime les ailes des anges chanteurs et des anges musiciens dans le paradis ! Là ils n'ont pas besoin d'ailes, car ils ne sont pas messagers !

ANITA

# Est-ce que c'est vrai que nous avons un ange gardien ?

Oui, nous avons un ange gardien. Nous le savons car Jésus lui-même les évoque : « Gardez-vous de mépriser aucun de ces petits car, je vous le dis, leurs anges dans les cieux voient sans cesse la face de mon Père » (Matthieu 18, 10). Voici ce dont nous sommes sûrs : « Du début au trépas, la vie humaine est entourée de leur garde et de leur intercession » (*Catéchisme de l'Église Catholique*, n° 336). Saint Basile résumait cela ainsi : « Chaque fidèle a à ses côtés un ange comme protecteur et pasteur pour le conduire à la vie. »

L'ange gardien est un envoyé de Dieu auprès de chacun d'entre nous pour nous conduire à lui. Il nous guide, nous protège et porte nos prières à Dieu. Il nous aide à nous détourner du mal et à accomplir le bien.

■ À l'exemple de Benoît XVI, prions nos anges gardiens, ces « figures lumineuses et mystérieuses ». « Invoquons-les souvent, afin qu'ils nous soutiennent dans l'engagement de suivre Jésus. »

PAOLA

# Est-ce que mon petit frère Paul qui est au ciel est devenu un ange ?

Lorsque l'on dit que ton petit frère est au ciel, cela veut dire qu'il est tout près de Dieu. Qu'y a-t-il donc dans ce ciel si mystérieux que l'on appelle le « royaume de Dieu » ? Bien sûr, il y a un roi : Dieu le Père, qui a créé tout ce qui existe. Il y a aussi Jésus, son Fils, et le Saint-Esprit, qui éclairent tout de leur présence pleine d'amour. Il y a aussi des serviteurs : les anges et les hommes qui sont morts et qui ont rejoint Dieu. Chacun a sa place, chacun a sa mission, chacun est aimé de Dieu, mais les anges sont très différents des hommes.

Je sais bien que certaines personnes disent que les bébés qui meurent sont « de petits anges ». C'est une jolie manière de dire qu'ils sont tout près de Dieu et qu'il y a, chez le tout petit bébé, une innocence qui nous fait penser à la pureté du cœur des anges.

Mais ce n'est pas tout à fait exact. Après sa mort, un homme reste un homme, il ne devient pas un ange, même s'il est encore un tout petit bébé. Un être humain a un corps destiné à ressusciter, tandis que les anges n'ont pas de corps, c'est une des très nombreuses différences entre eux et nous.

Ton petit frère, Paola, n'est pas subitement devenu un ange, comme si la mort en avait fait quelqu'un d'autre. Mais il a quelque chose de commun avec les anges : il contemple le visage du Seigneur et vit près de lui le bonheur éternel. Il connaît maintenant Dieu, Jésus et Marie aussi bien que les anges, même s'il n'est pas allé au catéchisme ! Et, avec eux, il chante la gloire de Dieu et veille sur toi et sur toute ta famille.

LOUIS

# Est-ce que c'est risqué de suivre Jésus ?

Tout dépend de ce que tu appelles un risque et de la manière dont tu conçois ta vie. Si pour toi une vie réussie est une vie tranquille, alors oui, suivre Jésus est risqué ! Si pour toi une vie réussie est une vie bien remplie et donnée aux autres, alors, pas de risque, tu seras servi ! Si tu aimes l'imprévu, si tu n'as pas peur d'être différent, si tu as envie d'être véritablement, profondément heureux, pas de risque, avec Jésus, tu seras comblé !

Pour suivre Jésus, il faut renoncer à un certain confort. Vois ce qu'il demande au jeune homme riche : « Vends tout ce que tu as, distribue-le aux pauvres, puis viens, suis-moi » (Luc 18, 22). Ailleurs, il dit à ses disciples : « Celui qui veut marcher à ma suite, qu'il prenne sa croix et qu'il me suive. » C'est effectivement risqué de suivre Jésus, d'aimer jusqu'au bout. Les martyrs le savent, eux qui ont subi de grandes souffrances pour suivre Jésus. Mais ont-ils tout perdu ? Pas vraiment ! Ils ont même tout gagné ! Ils ont « gagné » la vie éternelle !

■ « Qui cherchera à conserver sa vie la perdra. Et qui la perdra la sauvegardera. »

Luc 17, 33

Le vrai risque, c'est de chercher loin de Jésus un petit confort égoïste et étriqué. « Le Christ ne nous prend rien, mais il nous donne tout », dit le pape Benoît XVI. Lorsque l'on suit le Seigneur, on n'est pas assuré d'avoir une vie bien tranquille au coin du feu, mais on est assuré d'avoir une vie heureuse. Tu connais la phrase préférée de Jean-Paul II ? « N'ayez pas peur ! »

FÉLICITÉ

# Comment on devient saint ?

> « Soyez saints, car moi, le Seigneur votre Dieu, je suis saint. »
>
> Lévitique 19, 2

Pour être sainte, faut-il, comme sainte Félicité, ta sainte patronne, se laisser dévorer par les lions pour l'amour de Jésus ? Faut-il être religieuse comme sainte Thérèse de Lisieux ? Savoir apprivoiser les loups et les oiseaux comme saint François d'Assise ? Avoir des apparitions de la Sainte Vierge comme sainte Bernadette ? Faire des miracles prodigieux ?

Alors, dans ce cas, ça paraît difficile, d'être saint…

Et pourtant, Jésus nous dit que nous devons être saints, nous aussi. Il ne réserve pas ce projet pour les meilleurs, les plus forts ou les plus sages : tous, nous sommes appelés à la sainteté.

Jésus est venu nous dire une chose très, très importante : sa « Bonne Nouvelle », c'est que Dieu, son Père, aime chacun d'entre nous d'un amour qui ne finira jamais. Il nous donne son amour et nous propose d'y répondre. Il nous appelle à l'aimer et à le servir. Le saint n'est pas forcément quelqu'un de parfait ni un héros très puissant mais un « pauvre pécheur » qui se sait aimé et pardonné et qui veut répondre à l'amour de Dieu.

Être saint, c'est se laisser aimer par Dieu et l'aimer à son tour. Si certains saints ont accompli des miracles prodigieux ou ont eu des apparitions, ce n'est pas pour cela qu'ils ont été saints mais en raison de leur amour envers Dieu et leur prochain. Les saints ont aimé de toutes leurs forces, voilà leur secret. Si tu mets de l'amour dans tout ce que tu fais, si tu aimes Dieu et si tu aimes les autres de tout ton cœur, toi aussi, tu seras sainte !

ASTRID

# D'où viennent les auréoles au-dessus de la tête des saints sur les images ?

Il y a bien, bien longtemps, dans l'Égypte ancienne, certains dieux étaient représentés couronnés d'une auréole évoquant Rê, le disque solaire. L'auréole exprimait la lumière du soleil et, par extension, le caractère sacré du personnage représenté.

Les artistes chrétiens ont repris cette idée : l'auréole, centrée sur la tête du personnage, manifeste sa sainteté. Dans l'art chrétien d'Orient et d'Occident, le « nimbe crucifère », c'est-à-dire l'auréole avec une croix, est réservé au Christ. Sur les extraordinaires mosaïques des basiliques des premiers siècles ou les icônes byzantines, il est en or opaque. L'or est l'expression de la lumière incréée de Dieu. Il exprime que le Christ est lumière du monde, mais il est opaque, car nul ne pénètre le mystère de Dieu...

Lorsque cette auréole couronne quelqu'un d'autre que le Christ, elle manifeste, certes, le rayonnement de sa sainteté mais surtout le rayonnement de Jésus qui s'exprime à travers elle. Le saint est baigné de sa lumière, il n'est pas lui-même la lumière, mais il nous mène au Christ ressuscité qui est la Lumière du monde.

À Rome, sur certaines mosaïques, des personnages ont une auréole carrée ! Ce sont des personnes qui étaient encore vivantes au moment de la confection de la mosaïque, elles n'étaient donc pas encore saintes, mais on pensait certainement qu'elles le deviendraient !

■ « Il faut, mes chers enfants, que vous deveniez des saints. Il faut que vous deveniez des lumières pour conduire les hommes dans le bon chemin, du feu pour réchauffer les froids et les glacés, des images vivantes de Dieu sur la terre. » Entends-tu, toi aussi, cet appel du bienheureux Père Chevrier ?

ANNE LISE

# Qu'est-ce que « la communion des saints » ?

« Être en communion », pour le peuple de Dieu, c'est être uni par un même amour et une même foi en Jésus. Cela concerne tous ceux qui aiment Dieu et veulent lui rendre gloire, au ciel et sur la terre. Au ciel : Dieu, le Père, son Fils, Jésus, et l'Esprit Saint, qui est communion d'amour du Père et du Fils. Mais aussi Marie, saint Joseph et tous les saints, tous les « fidèles défunts » (c'est-à-dire tous ceux qui sont morts dans l'amour de Dieu), tous les anges qui rendent gloire à Dieu. Sur la terre : toi, moi et tous ceux qui ont le désir de suivre Jésus et de l'aimer.

■ « La sainteté, c'est d'être la joie de Dieu et le sourire des autres. »

Maurice Zundel

Ce qui unissait les premiers chrétiens, c'était la « communion aux choses saintes », c'est-à-dire le partage des sacrements et spécialement de l'Eucharistie. Quand on communie, on reçoit Jésus et on devient un autre Jésus ; ainsi, puisque chacun devient Jésus, nous ne faisons tous plus qu'un seul corps : celui de Jésus ! Nous sommes donc tous profondément unis, et nous pouvons prier les uns pour les autres, nous aider et nous soutenir mutuellement. Tout ce que nous faisons de bien et supportons de pénible est pour le bien de tous. Inversement, tout ce que nous faisons de mal blesse le peuple de Dieu tout entier... Tu vois, on n'est pas chrétien tout seul : tous unis autour du Christ, nous sommes reliés les uns aux autres par le fil invisible de l'amour de Dieu. La communion des saints, finalement, c'est l'Église tout entière qui, au ciel et sur la terre, vit d'un même amour, d'une même foi, d'un même Dieu.

BARTHÉLEMY

# Pourquoi des gens vont-ils à pied à Rome ou à Compostelle ?

Ces gens que tu vois marcher chargés de lourds sacs à dos et chaussés de gros souliers de randonnée sont parfois des pèlerins. Le randonneur marche pour faire du sport, profiter de la nature, découvrir de nouveaux paysages. Le pèlerin, lui, même s'il aime le sport et la nature, a un tout autre but : il marche vers un lieu de prière ou un sanctuaire, il marche vers Dieu. Comme Abraham, il a quitté ses habitudes, son confort, sa famille pour répondre à son appel.

Faire un pèlerinage, c'est un peu comme faire une prière : chaque pas rapproche de Dieu. Certains appellent cela « prier avec ses pieds » ! Ce n'est pas facile : le froid ou la chaleur, la pluie, la fatigue, les ampoules qui blessent les pieds, il y en a des obstacles sur le chemin... Ils n'arrêtent pas le pèlerin, qui offre à Dieu ses efforts et ses souffrances.

Nombreux sont ceux qui parcourent des centaines de kilomètres vers Lourdes, Saint-Jacques-de-Compostelle, Rome ou Jérusalem. Pourquoi ces lieux ? Parce que ce sont des lieux saints, des lieux de grâce. À Compostelle, sur le tombeau de saint Jacques, à Rome sur ceux de saint Pierre et de saint Paul, à Jérusalem sur celui de Jésus, ils déposent leurs fardeaux, ils renouvellent leurs cœurs, ils puisent une force formidable pour leur vie quotidienne. Ainsi, quand ils rentrent chez eux, ils ne sont plus tout à fait comme avant, la rencontre avec Dieu sur les chemins balayés par le vent a changé leur cœur et leur vie...

■ Le pèlerinage se fait de préférence à pied, mais pas toujours. Les malades, les personnes âgées vont à Lourdes en avion, en train ou en voiture : toute démarche de déplacement – même en fauteuil – vers un lieu où Dieu se manifeste est pèlerinage. Dans les hôpitaux et les maisons de retraite, il y a aussi des pèlerins qui ne sortent pas de leur lit : seul leur cœur se déplace vers le Seigneur !

JUSTIN

# Pourquoi fête-t-on ensemble saint Pierre et saint Paul ?

Pierre a suivi Jésus pendant plusieurs années. Il a été l'un de ses premiers disciples. Paul, lui, n'a pas connu Jésus avant sa Résurrection mais lorsqu'il s'est converti, il l'a servi avec autant de dynamisme qu'il en avait mis à persécuter les premiers chrétiens. À l'un comme à l'autre, le Seigneur a beaucoup pardonné.

■ « Tu es Pierre et sur cette pierre je bâtirai mon Église. »

Matthieu 16, 18

À Pierre, le modeste pêcheur, Jésus a confié son Église. Pierre était considéré par tous comme le chef des apôtres et Paul reconnaissait son autorité, même s'il était beaucoup plus instruit (il avait fait de longues études à Jérusalem). Ils étaient unis par la même foi et la même volonté de propager l'Évangile dans le monde entier. Pierre a fait connaître l'Évangile aux juifs et Paul aux païens. Battus, emprisonnés, persécutés, rien n'a pu les arrêter ! Tous deux sont morts martyrs à Rome, et comme nous sommes liés à Rome (nous appartenons à l'Église catholique romaine), nous avons gardé cette fête de l'Église de Rome qui célèbre en même temps ses deux fondateurs.

Tu as raison, Justin, deux si grands saints « mériteraient » d'avoir chacun sa fête ! Depuis très, très longtemps, l'Église les fête le même jour, car elle voit en eux « deux colonnes de l'Église » : ils ont été les piliers de la communauté chrétienne naissante. Ils sont des modèles pour l'Église. « Ces deux ne font qu'un. Pierre a précédé, Paul a suivi », disait saint Augustin. Mais ces deux grands apôtres ont également chacun leur fête ! On honore la charge apostolique de Pierre le 22 février. On fête la conversion de Paul le 25 janvier.

LOUIS

# Pourquoi le pape habite-t-il à Rome ?

Le premier pape, tu le sais certainement, était l'apôtre Pierre. Te souviens-tu de ce que lui a dit Jésus ? « Tu es Pierre et sur cette pierre, je bâtirai mon Église. » Ce n'est pas un simple jeu de mots, c'est un acte de fondation essentiel pour l'Église. Dès le début, tous les chrétiens ont donc reconnu à Pierre prééminence et autorité.

C'est à Jérusalem, à la Pentecôte, que les Apôtres ont reçu l'Esprit Saint et ont été envoyés en mission. Mais très vite, ils ont été persécutés, ils ont dû fuir ou se cacher. Pierre est parti pour Antioche, d'où il a continué à diriger l'Église naissante. Puis il est allé à Rome, pour implanter l'Église du Christ au cœur de l'Empire romain afin que de là, la foi se répande dans le monde entier. Rome, à cette époque, c'était un peu le centre du monde ! Mais c'était le centre d'un monde païen... Premier évêque de cette ville, c'est là qu'il est mort pour l'amour de Jésus vers l'an 64, lors des terribles persécutions de Néron. Ces persécutions qui devaient réduire l'Église en cendres l'ont fait grandir tant et si bien que Rome, capitale du monde païen, est devenue la capitale du monde chrétien !

Rome est aussi le lieu du martyre de Paul (en 67). Parce que Pierre et Paul sont tous deux morts à Rome, c'est l'évêque de Rome qui conduit l'Église tout entière. Le pape, successeur de Pierre, siège donc à Rome, lieu du martyre du « prince des apôtres » (Pierre) et de « l'évangélisateur des nations » (Paul).

PIERRE

# Pourquoi Jérusalem n'est-elle pas la ville sainte des chrétiens ? Jésus y est mort et ressuscité...

Jérusalem est une ville exceptionnelle : elle est la ville sainte des juifs et une des trois villes saintes des musulmans. Les chrétiens parlent plus volontiers de « Terre Sainte » que de « ville sainte ». Car pour eux, il n'y a pas une seule ville sainte, mais plusieurs villes et villages, sanctifiés par les événements de la vie de Jésus : Jérusalem mais aussi Bethléem, Nazareth, Cana, Capharnaüm, etc. Ainsi donc, si Jérusalem n'est pas LA ville sainte des chrétiens, elle est une ville sainte pour les chrétiens.

Jésus est souvent allé à Jérusalem. Il en connaissait les petites rues, les habitants. Il aimait prier ou enseigner au Temple. Tu as raison, Pierre, c'est à Jérusalem qu'il est mort et ressuscité. C'est là aussi que les apôtres ont reçu l'Esprit Saint, c'est là que les premiers chrétiens se sont regroupés. Très vite, ils ont vénéré les lieux de la crucifixion et de la Résurrection. Nombreux sont ceux qui, aujourd'hui encore, vont en pèlerinage à Jérusalem pour prier sur le tombeau du Christ. Ils en reviennent bouleversés, changés, car tout dans cette ville nous parle de Jésus...

■ « Glorifie le Seigneur, Jérusalem ! »

Psaume 147, 12

Mais pour les chrétiens, Jérusalem est aussi la préfiguration du Royaume de Dieu, le Ciel, où il rassemblera ceux qui auront choisi de vivre de son amour. Cette « Jérusalem céleste », c'est aussi l'Église, le peuple des sauvés. Rome aussi est une ville exceptionnelle : on l'appelle la « ville éternelle », car elle nous parle de l'Église. Malgré tout, la sainteté n'est pas liée à un endroit, elle n'est pas d'abord à Rome ou à Jérusalem. Elle est dans ton cœur et c'est là avant tout qu'elle doit se déployer...

GAÉTAN

# À quoi servent les religieuses ?

Les religieuses sont des femmes qui se consacrent à Dieu : elles se donnent totalement à lui. Elles sont liées au Seigneur par des vœux et vivent en communauté, réunies par l'amour de Jésus et le même désir de le servir.

Il existe deux sortes de vocations religieuses. Les contemplatives (bénédictines, carmélites…) consacrent leur vie à la prière et travaillent à l'intérieur de leur monastère ou de leur couvent. Les religieuses de vie apostolique (ursulines, franciscaines…), tout en ayant une vie de prière intense, travaillent à l'extérieur de leur couvent. Elles sont des apôtres de Jésus dans les écoles, les hôpitaux, les maisons de retraite, partout où l'on a besoin d'elles. Elles annoncent l'Évangile sans compter leur temps ni leur peine, leur bonté est au service de tous, elles voient en chacun le visage de Jésus.

Toutes, contemplatives et apostoliques, ont une immense utilité. Bien sûr, celles qui servent Jésus dans leurs frères sont utiles de manière visible, mais les contemplatives sont tout aussi efficaces ! C'est par la prière qu'elles servent leurs frères. Elles prient pour les autres, on dit qu'elles « intercèdent » pour le monde. Elles portent le monde entier, l'Église mais aussi chacun de nous dans la prière. Sans elles, l'Église ne vivrait pas.

■ Toi aussi, tu peux être très utile pour l'Église et pour tes frères. Les religieuses te montrent comment : par la prière et la charité. Elles te montrent aussi que donner sa vie au Christ est un chemin de vie et de joie.

CLAIRE

# Pourquoi les dames n'ont-elles pas le droit d'être diacres ou prêtres ?

Depuis l'origine, l'Église choisit des hommes pour annoncer l'Évangile, dispenser les sacrements et guider les fidèles. Ce n'est pas parce qu'elle n'aime pas les femmes, mais parce qu'elle se conforme strictement au choix de Jésus. « Le Seigneur Jésus a choisi des hommes pour former le collège des douze apôtres, et les apôtres ont fait de même lorsqu'ils ont choisi les collaborateurs qui leur succéderaient [...] L'Église se reconnaît liée par ce choix du Seigneur lui-même. » (*Catéchisme de l'Église catholique*, n° 1577). Le prêtre est le représentant de Jésus sur la terre. Il semble donc logique qu'il soit, comme Jésus, un homme. Être prêtre, ce n'est pas un « droit », c'est une identité particulière et une manière de servir ses frères en répondant à l'appel de Jésus.

Si tu lis l'Évangile attentivement, tu verras que Jésus était également entouré de femmes et qu'il avait pour elles respect et bonté. Le Livre de la Genèse (Genèse 1, 27) nous explique que Dieu a créé l'homme et la femme différents dans leur corps, dans leur sensibilité, dans leurs attitudes pour qu'ils aient besoin l'un de l'autre.

Sainte Thérèse de l'Enfant-Jésus a longtemps voulu être « prêtre, apôtre et missionnaire ». Puis elle a découvert sa vocation propre : « dans le cœur de l'Église, ma mère, je serai l'Amour », dit-elle ! La vocation de certains hommes et de certaines femmes, c'est de répondre à l'appel de Jésus et de tout quitter pour le suivre. Pour d'autres, ce sera d'être époux et parents. Chacun de nous a une mission et une vocation propres. Chacun a sa place au sein de l'Église, chacun est utile, aimé, respecté.

ANNE-LISE

# Est-ce que les prêtres peuvent arrêter de l'être un moment puis recommencer ?

Pour devenir prêtre, il faut recevoir un sacrement particulier : le sacrement de l'Ordre. Par lui, l'homme qui devient prêtre est marqué, transformé, pour représenter directement Jésus. C'est à la fois un honneur incroyable et une charge immense : le prêtre agit au nom de Jésus et il conduit avec lui son Église. Le sacrement de l'Ordre donne au prêtre une grâce spéciale de l'Esprit Saint pour qu'il soit capable de s'acquitter de cette tâche magnifique. Comme le baptême et la confirmation, « il est accordé une fois pour toutes et pour toujours ». Il ne peut pas être donné plusieurs fois, ni conféré pour un temps limité, ni enlevé à celui qui l'a reçu. Quand on est prêtre, on l'est pour toujours.

Il arrive parfois que, pour des raisons très graves, l'évêque demande à un prêtre de ne plus exercer ses fonctions, mais celui-ci ne peut pourtant plus redevenir un « laïc » comme tout le monde : il a reçu lors de son ordination une marque indélébile. Être prêtre, ce n'est pas un métier ou un service que l'on peut rendre un moment, arrêter puis recommencer. C'est un pouvoir sacré qui vient de Jésus.

Quand tu croiseras le prêtre de ta paroisse, pense au curé d'Ars et exclame-toi avec lui : « Ah ! que le prêtre est quelque chose de grand ! »

# Pourquoi dit-on que l'Église est apostolique ?

Le mot « apostolique » vient du grec *apostolos*, qui signifie « envoyé », « chargé de mission ». Les disciples de Jésus sont les premiers apôtres : Jésus les envoie en mission, il les charge de transmettre la Bonne Nouvelle de l'Évangile au monde entier.

L'Église est apostolique, car elle s'appuie sur le témoignage des apôtres du Christ. Ils ont été les témoins privilégiés de ses actes et de ses paroles qu'ils nous ont fidèlement transmis. Face au tombeau vide du Christ, ils ont cru en sa résurrection. Te souviens-tu de ces mots extraordinaires de saint Jean : « Il vit et il crut » (Jean 20, 8) ? Toute la foi de l'Église repose sur ces quelques mots : elle est apostolique car elle fait entièrement confiance à la parole des Apôtres.

■ L'Église est « catholique », car elle est universelle : elle annonce la totalité de la foi à tous les hommes de tous les temps.

L'Église est également apostolique parce qu'elle s'appuie sur les évêques qui sont les successeurs des apôtres. L'Esprit agit avec force dans l'Église, notamment à travers la mission des évêques et des papes qui se sont succédés depuis deux mille ans. L'Église d'aujourd'hui est toujours celle que Jésus a confiée à Pierre. Depuis sa fondation, elle a évolué, bien sûr, mais, grâce à l'Esprit Saint, elle est restée fidèle à la foi professée par les apôtres.

CLÉMENT

# Comment ne pas s'ennuyer à la messe, toujours la même en apparence ?

Chaque matin, Clément, tu dis bonjour à ta maman. Lui as-tu dit, ce matin : « Je t'ai déjà embrassée hier, pas la peine de recommencer » ? Dire bonjour, dire « je t'aime », c'est à la fois toujours la même chose, et toujours nouveau. La messe, c'est un peu pareil. Pourtant, chaque messe constitue un événement exceptionnel puisque c'est Jésus lui-même qui se donne à nous.

Si tu t'ennuies, c'est probablement parce que tu n'es pas tout à fait présent à ce qui se passe. Tu gigotes, tu regardes à droite, à gauche, ça paraît tellement long. Alors, tu vois, la meilleure manière de ne pas s'ennuyer, c'est d'écouter et de regarder devant toi, là où il y a l'autel. Tes yeux, tes oreilles, ta bouche sont les portes de ton cœur : ouvre-les en grand, n'aie pas peur des courants d'air ! Tes oreilles, pour écouter les lectures, les prières du prêtre. Ta bouche, pour chanter. Tes yeux pour regarder les statues et les vitraux qui nous parlent de Jésus, de Marie et des grands saints. Regarde, chante, prie, écoute...

Le meilleur remède contre l'ennui, c'est de vivre la messe comme un moment qui relie ta vie à celle de Jésus. Dans l'Eucharistie, notre offrande rejoint celle de Jésus, elle est sanctifiée par celle-ci : le pain et le vin représentent notre vie, notre travail, et Jésus en fait son Corps et son Sang... On met, avec l'hostie dans la patène, toute sa vie, ses joies, son travail, ses peines... On peut aussi lui offrir notre présence et notre patience, tout simplement !

■ La patène est une petite assiette sur laquelle le prêtre pose l'hostie qu'il va consacrer et qui va devenir le corps de Jésus. Le calice est la coupe dans laquelle le prêtre verse le vin qu'il va consacrer et qui va devenir le sang de Jésus.

GUILLAUME

# Pourquoi fait-on le signe de croix avec la main droite ?

Comme c'est compliqué de distinguer sa gauche de sa droite ! Ta maman va te montrer quelle est ta main la plus habile et te donner un petit repère. Si c'est la droite, par exemple, pense que c'est la main qui aime dessiner qui doit aussi dessiner la Croix de Jésus sur ton corps.

Dans la Bible, il est souvent question de la (main) droite de Dieu qui nous soutient et nous protège. La « droite », c'est le côté fort et protecteur. Il n'y a pas de règle écrite indiquant que le signe de croix doit se faire de la main droite. La plupart des gens étant droitiers, la communauté chrétienne a pris l'habitude de faire le signe de croix de la main droite, tout simplement.

Essaie, toi aussi, de te conformer avec simplicité à cet usage reçu, non pour faire « comme tout le monde » mais pour exprimer ta joie d'appartenir au Christ et à l'Église. Quand plusieurs personnes font ensemble le même geste, c'est plus beau que si chacun le fait à sa manière...

■ Le signe de croix est un très beau geste qui marque l'empreinte de Jésus sur toi, c'est déjà une prière. Tu traces lentement la Croix de Jésus sur ton corps en commençant par ton front (« Au nom du Père »), puis sur ton ventre (« et du Fils »), sur l'épaule gauche (« et du Saint-Esprit ») et enfin sur l'épaule droite (« Amen »). Tu dois tracer la Croix dans le bon sens, c'est-à-dire finir par l'épaule droite.

PAUL-HENRI

# Pourquoi fait-on trois croix avant l'Évangile ?

À la messe, lorsque le prêtre présente l'Évangile, nous répondons « Gloire à toi, Seigneur » en traçant trois petites croix sur notre front, notre bouche et notre cœur.

La première croix, tu la traces sur ton front. Derrière ton front, il y a... ton cerveau. C'est grâce à lui que tu peux comprendre la Parole de Dieu que le prêtre va lire. Cette croix, c'est une manière de prier, de dire à Jésus : « Ouvre mon esprit pour que je comprenne ce que tu veux me dire, pour que ta Parole m'éclaire et me fasse réfléchir. Que mon intelligence, Seigneur, soit au service de ma foi. »

La deuxième croix, tu la traces sur ta bouche. La bouche, c'est très utile ! Elle sert à se nourrir, bien sûr, mais aussi à parler. En traçant cette deuxième croix, tu dis à Jésus : « Ouvre ma bouche pour que je n'aie pas peur de parler de toi à mes amis, pour que je sache annoncer ton Évangile. Que ta Parole me nourrisse, qu'elle emplisse ma bouche pour que mes paroles soient au service de la paix, de la justice, de la vérité et de la charité. »

La troisième croix, tu la traces sur ton cœur. Le cœur, c'est ce qui nous permet de vivre : quand il ne bat plus, c'est mauvais signe ! Quand on parle du cœur, on pense aussi à l'amour, bien sûr. En traçant cette croix, tu dis à Jésus : « Jésus, je veux que mon cœur batte pour toi. Que ta Parole pénètre mon cœur pour qu'il soit capable d'aimer mes frères. Que chaque battement dise : « Jésus, je t'aime... de tout mon cœur. »

# Pourquoi le prêtre embrasse-t-il l'Évangile ?

Toi, quand tu embrasses quelqu'un, que lui montres-tu ? Que tu l'aimes !

Pour le prêtre, c'est un peu pareil. Il embrasse l'évangéliaire en signe d'amour et de respect. Il fait cela juste après en avoir lu un passage à l'assemblée. En embrassant le livre, il dit à voix basse : « Que cet Évangile efface nos péchés. » L'Évangile, tu sais, est Parole de Dieu. Et la Parole de Dieu, c'est Jésus en personne.

Tout est important, à la messe, bien sûr ! Pourtant, deux moments sont plus solennels que les autres : celui de la proclamation de l'Évangile et celui de la consécration du pain et du vin. Pourquoi ? Parce que l'on se nourrit de la présence de Jésus en écoutant sa Parole et en le recevant dans l'hostie. Il n'y a rien de plus grand, de plus beau que l'Eucharistie : Jésus qui se donne entièrement à nous... L'Eucharistie a la place centrale. D'ailleurs, l'autel sur lequel elle est célébrée est placé au centre du chœur. As-tu remarqué que le prêtre embrasse également l'autel au tout début de la messe ainsi qu'à la fin ? Il manifeste ainsi son amour pour Jésus. Ne pouvant embrasser Jésus « en vrai », il embrasse ce qui l'évoque le plus : le livre de la Parole de Dieu et l'autel sur lequel, dans le pain et le vin consacrés, Jésus se donne à nous.

Penses-y, lorsque tu es à la messe : Jésus est réellement présent devant toi, par sa Parole et par l'Eucharistie. Quelle merveille !

THÉODORE

# Comment sait-on que ce que racontent les évangiles est vraiment vrai ?

Pendant la vie de Jésus, ses apôtres ont suivi, regardé, écouté mais n'ont rien écrit. Après la Pentecôte, ils ont raconté ce qu'ils avaient vu et entendu. À cette époque-là, on écrivait peu : les gens conservaient les histoires dans leur mémoire et elles se transmettaient par oral.

Les chrétiens étant de plus en plus nombreux et ceux qui avaient connu Jésus commençant à disparaître, certains ont trouvé prudent et pratique de fixer par écrit les récits des apôtres. Les quatre évangiles ont été écrits soit directement par des apôtres qui ont partagé la vie de Jésus (Matthieu et Jean), soit par leurs proches. Marc a écrit ce que lui a raconté Pierre, et Luc explique qu'il s'est très soigneusement renseigné avant d'écrire auprès de Paul qui connaissait bien les apôtres.

■ « Ta parole est la lumière de mes pas, la lampe de ma route. »

Psaume 119, 105

Les évangélistes se sont servi de leur mémoire, bien sûr, mais ils ont aussi été « aidés » de l'Esprit Saint. Jésus, d'ailleurs, le leur avait promis : « L'Esprit Saint que le Père enverra en mon nom, lui, vous enseignera tout et il vous fera souvenir de tout ce que je vous ai dit » (Jean 14, 26). Nous croyons ce que nous lisons parce que nous faisons confiance à ceux qui ont écrit et que nous savons qu'ils ont été guidés par l'Esprit Saint. Sais-tu que le mot « foi » et le mot « confiance » ont la même racine latine ? Nous croyons que ce que racontent les Évangiles est « vraiment vrai » parce que nous faisons confiance à l'Église qui, dans l'Esprit Saint, les a accueillis comme inspirés par Dieu.

THÉODORE

# Pourquoi dit-on que l'Évangile est une Bonne Nouvelle ?

Partout, Jésus annonce « la Bonne Nouvelle » : le règne de Dieu est proche, il est là ! La Bonne Nouvelle, c'est que, comme il l'avait promis, Dieu a envoyé son Messie : son Fils unique, Jésus Christ. Il est venu parmi nous, il a donné sa vie pour nous délivrer du péché et de la mort. L'Évangile, qui raconte la vie et l'enseignement de Jésus, est une Bonne Nouvelle, car les actes et les paroles de Jésus nous révèlent un Dieu d'amour, plein de tendresse et de miséricorde.

■ Les quatre évangiles sont au centre de l'Écriture Sainte car ils offrent un témoignage unique sur la vie et l'enseignement de Jésus. Et Jésus, tu le sais, est au centre de notre foi.

MARIE

# Qu'est-ce que ça veut dire, « alléluia » ?

Ce mot est très ancien. Il vient de l'hébreu *hallel*, qui signifie « louange ». C'est un mot que le peuple juif utilisait souvent pour rendre gloire à Dieu. C'était un cri de joie et de triomphe. On le trouve dans les psaumes, par exemple. Les premiers chrétiens ont repris cette acclamation pour exprimer leur joie.

À la messe, nous chantons « alléluia » avant la proclamation de l'Évangile. Cela met en valeur la Parole du Seigneur et montre notre joie de la recevoir. On le chante avec enthousiasme, un peu comme si l'on disait « vive Dieu » ! Notre alléluia signifie « louez Dieu ». Le louer, c'est lui rendre gloire, c'est chanter sa puissance, sa bonté, son amour.

Pendant le carême, pour montrer notre désir de pénitence, nous ne chantons plus l'alléluia. Il est remplacé par un chant tiré d'un psaume. Pendant la nuit de Pâques, nous le chantons enfin à pleins poumons : « Jésus est ressuscité, alléluia, il nous a sauvés du péché et de la mort, alléluia ! » Nous sommes si heureux de célébrer la Résurrection de Jésus, si heureux d'être ressuscités avec lui !

Lorsque nous serons au ciel et que nous verrons Dieu « face à face », nous chanterons « alléluia », car notre cœur débordera de joie et d'amour. Dès aujourd'hui, Marie, chante « alléluia » de toutes tes forces, car le Seigneur fait pour toi de grandes choses et il t'aime infiniment. ALLÉLUIA !

■ « Bénis le Seigneur, ô mon âme ! Alléluia ! »

Psaume 104, 35

MARIE-ANGE

# Pourquoi récite-t-on deux sortes de Credo à la messe ?

En réalité, Marie-Ange, nous ne récitons pas deux sortes de Credo à la messe. Cela voudrait dire que l'on professerait deux sortes de foi différentes. Nous ne récitons qu'un seul Credo car il n'y a qu'une seule foi catholique. Mais ce Credo comporte plusieurs versions.

Dès le début, l'Église a voulu rassembler l'essentiel de sa foi et le transmettre en quelques phrases brèves afin de former ceux qui se préparaient au baptême. Beaucoup de catéchumènes ne savaient pas lire, il fallait donc trouver des formules faciles à apprendre… Ces petits résumés, rédigés sous l'action de l'Esprit Saint, ont connu plusieurs versions, selon les époques et les Églises qui les ont composés.

Parmi ces recueils des vérités de la foi, deux versions tiennent une place particulière dans la vie de l'Église. Ce sont ceux que nous récitons à la messe : le Symbole des Apôtres et le Symbole de Nicée-Constantinople. Le premier est l'ancien recueil baptismal de l'Église de Rome. Il constitue le plus ancien catéchisme romain et est donc particulièrement précieux. Le second est plus détaillé mais professe exactement les mêmes vérités. Il a été rédigé à la suite des deux premiers grands conciles (en 325 et en 381). Il souligne que Jésus et l'Esprit Saint sont vraiment Dieu, tout autant que le Père.

Le Credo – quelle que soit sa version – est « le trésor de notre âme », disait saint Ambroise : il nous met en communion avec l'Église tout entière mais aussi avec Dieu lui-même. Quel grand mystère !

# Comment Jésus peut-il être présent dans plusieurs hosties à la fois ?

Sais-tu pourquoi il nous est si difficile de comprendre ce mystère ? Parce que nous ne sommes pas Dieu ! Nous sommes tellement limités... Pour nous, lorsque quelqu'un est dans un endroit, il ne peut pas être dans un autre en même temps, c'est logique. Pour Dieu, c'est très différent, car il n'est pas, comme nous, soumis au temps et à l'espace. Cela veut dire qu'il est partout à la fois, en même temps !

Dans l'Eucharistie, tu l'as très bien compris, Jésus est réellement présent. Lorsque le prêtre consacre le pain, il consacre toutes les hosties déposées devant lui sur l'autel. Jésus est alors tout entier présent dans chacune. On peut même, s'il en manque, les couper en deux ou en quatre : Jésus est entièrement présent dans la moindre miette d'hostie. C'est pour cela que le prêtre, après la communion, prend tant de soin à nettoyer le calice et la patène : par respect pour le Corps de Jésus, pour que rien ne se perde !

JEAN-BAPTISTE

# Pourquoi est-ce qu'il faut se confesser avant de communier ?

Imagine que le Pape s'invite chez toi. Tu serais drôlement excité, je parie ! Et drôlement impressionné ! L'accueillerais-tu avec un pantalon troué dans une maison en désordre ? Ça m'étonnerait ! Tu te ferais tout beau et tu aiderais ta maman à faire le grand ménage. Eh bien, lorsque Jésus – qui est bien plus grand encore que le Pape – s'invite dans ton cœur, il faut aussi faire un peu de ménage ! De même que tu dois être propre extérieurement, tu dois être propre intérieurement.

Quand tu accueilles Jésus dans l'Eucharistie, tu dois le faire avec beaucoup de respect. Jésus se donne entièrement à toi, il veut vivre et répandre son amour en toi. Mais comment pourrait-il le faire si tu ne lui laisses pas un peu de place ? Le sacrement de la Réconciliation lave ton cœur des péchés qui l'encombrent, il fait de la place pour accueillir Jésus. Communier sans te confesser régulièrement, c'est mentir, finalement. C'est dire à Jésus : « Je veux que tu viennes dans mon cœur, mais je ne veux pas te faire de place ! » Pas très honnête, tout ça ! Enfin, il ne faut pas non plus exagérer ! Tu n'as pas besoin de te confesser avant chaque communion. Il y a toujours, dans la messe, un « acte pénitentiel » au début (« Je confesse à Dieu ») et un autre, juste avant la communion (« Seigneur, je ne suis pas digne… »). Lorsque ton cœur n'est encombré « que » de petites choses pas trop graves, il reste encore de la place pour Jésus (mais beaucoup de « petites choses pas trop graves », ça prend de la place, à la longue…)! Lorsque tu as conscience d'avoir fait un très gros péché, alors il faut te confesser avant de communier pour pouvoir accueillir Jésus dans un cœur pur et plein d'amour.

HÉLOÏSE

# À partir de quand peut-on se confesser ?

Voici, Héloïse, ce que dit l'Église : « Tout fidèle arrivé à l'âge de discrétion doit confesser au moins une fois par an les péchés graves dont il a conscience » (*Code de droit canonique*, canon 989).

En latin, *discretio* veut dire « discernement » : l'âge « de discrétion », c'est tout simplement « l'âge de raison », c'est-à-dire l'âge à partir duquel on est capable de comprendre tout seul ce qui est bien et ce qui est mal et de raisonner comme un grand (ou presque). Et l'on peut chanter avec Georges Jean : « Quand on a 7 ans et qu'on perd ses dents, on atteint, dit-on, l'âge de raison. »

Certains enfants comprennent la gravité du péché avant d'avoir 7 ans. Ils ont conscience que celui-ci blesse profondément le cœur de Jésus et souhaitent de tout leur cœur recevoir son pardon. Un de mes amis prêtres dit qu'il faut alors « essayer » : si l'enfant est capable de voir son péché, de le dire, de le regretter profondément et de vouloir changer son cœur, il lui donne l'absolution.

C'est très beau de vouloir se jeter dans les bras de Jésus pour lui demander pardon ! Demande-lui de t'aider à ouvrir ton cœur et ton intelligence pour qu'ils soient prêts à recevoir son pardon. Si tu ne sais pas si tu es prête, va tout de même voir un prêtre et parle-lui avec confiance, il te dira si tu peux recevoir le pardon de Jésus. Tu pourras alors chanter à ton tour : « Même si on n'a pas 7 ans et qu'on devient grand, on atteint quand même l'âge du sacrement de réconciliation ! »

ALEXANDRE

# À quoi ça sert d'être baptisé puisque Dieu aime tout le monde ?

Dieu aime tous les hommes comme ses créatures mais, par le baptême, il les aime de manière plus intense, comme il aime son propre Fils. Celui-ci, d'ailleurs, après sa Résurrection, apparaît aux disciples et leur dit : « Allez et baptisez-les au nom du Père, et du Fils, et du Saint-Esprit » (Matthieu 28, 19). À mon avis, si Jésus leur donne cet ordre, ce n'est pas pour rien.

■ « Allez donc ! De toutes les nations faites des disciples, baptisez-les au nom du Père, et du Fils, et du Saint-Esprit. »

Matthieu 28, 19

Par le baptême, on est rempli de l'Esprit Saint. Le baptême, c'est comme une deuxième naissance. On naît à la vie de Dieu, une vie qui ne finit pas.

Par le baptême, on est « incorporé » au Christ. Cela veut dire que l'on vit désormais uni à lui. On lui appartient pour toujours. Avec lui, on est « enfant » de Dieu ; avec lui, on peut dire : « Notre Père », quand on prie. Avec lui, on est libre d'aimer car le baptême nous délivre de l'esclavage du péché. Avec lui, on est capable de croire en Dieu et de l'aimer.

Par le baptême, on est aussi « incorporé » à l'Église. On n'est plus tout seul pour vivre notre foi, on est guidé, soutenu, aidé, aimé par tout le peuple de Dieu. On entre dans la famille des enfants de Dieu.

Le baptême est une grâce inestimable, un immense cadeau que Dieu nous donne. C'est le plus utile, le plus précieux, le plus incroyable des cadeaux. Et pourtant, tu as raison, Dieu aime tous les hommes, même ceux qui ne le connaissent pas et ne sont pas baptisés. Il « veut que tous les hommes soient sauvés » (1er Épître à Timothée 2, 4), c'est-à-dire que tous puissent vivre avec lui pour toujours. Tout homme qui, sans connaître Jésus et son Évangile, cherche ce qui est bien, juste et vrai, peut être sauvé.

# Pourquoi, à certains baptêmes, on plonge le bébé tout entier dans l'eau et d'autres fois on lui met juste de l'eau sur le front ?

Lorsque Jean Baptiste a baptisé Jésus, celui-ci est entré dans l'eau du Jourdain. Aussi a-t-on, dans les premiers siècles, baptisé les nouveaux chrétiens « par immersion », c'est-à-dire en les plongeant dans l'eau jusqu'à la taille, pour rappeler le baptême de Jésus. Le baptême par immersion est toujours très souvent pratiqué en Orient.

Vers le IIIe siècle, on a commencé les baptêmes par « aspersion » afin de pouvoir plus facilement baptiser les malades et les enfants. On versait alors simplement de l'eau sur le front du catéchumène, sans le plonger dans l'eau. Ce rite s'est étendu en Occident, au point de faire un peu oublier le baptême par immersion ! Quel que soit le mode choisi, c'est toujours exactement le même baptême.

Le verbe « baptiser », en grec, signifie « plonger », « immerger ». Rien de tel qu'un bon bain de Saint-Esprit pour naître à une vie nouvelle ! Dans un baptême, il y a deux temps, que l'on perçoit mieux dans les baptêmes par immersion : on plonge l'enfant dans l'eau pour signifier qu'il meurt avec Jésus (si, en effet, on reste sous l'eau, on se noie). On le ressort aussitôt pour signifier qu'il ressuscite avec Jésus. Il est lavé de son péché. Saint Grégoire de Nazianze disait que le péché est resté au fond de l'eau ! On fait cela trois fois : la première « au nom du Père » ; la deuxième « au nom du Fils » et la troisième « au nom du Saint-Esprit ». Pour les baptêmes par aspersion, on fait pareil : on verse trois fois de l'eau sur le front du baptisé.

MAËLLE

# Pourquoi, quand on donne le sacrement des malades aux malades, ils ne guérissent pas ?

Quoi ? Un sacrement qui ne marche pas ? Mais qu'est-ce que c'est encore que cette magie à quatre sous ?! Un sacrement, c'est tout le contraire d'un truc magique : un sacrement, ça n'est pas spectaculaire, mais ça fait du bien « pour de vrai », alors qu'un tour de magie, ça a l'air prodigieux mais, c'est du toc.

Quand Jésus guérissait les malades, ce n'était ni de la magie, ni du toc. C'était un signe de la puissance de Dieu et de sa miséricorde, une manière de montrer qu'il venait sauver les hommes. Quand un prêtre, aujourd'hui, administre le sacrement des malades – on dit « sacrement de l'onction des malades » –, il donne un signe de la présence et de l'amour de Jésus. Le malade ne guérit pas visiblement, son corps souffre encore, mais son cœur et son âme, eux, vont beaucoup mieux. Le sacrement des malades donne du courage à celui qui le reçoit et la force de vivre sa maladie uni à Jésus. Il lui permet de comprendre que Jésus est tout près de lui et qu'il souffre avec lui. Jésus « porte » la souffrance du malade et le malade « porte » la souffrance de Jésus sur la Croix, il est associé à sa Passion. C'est comme un échange, un soutien mutuel. Et c'est très beau.

Par le sacrement des malades, on reçoit une grâce spéciale pour tourner son cœur vers Jésus, pour se préparer à le rencontrer aussi, quand la mort est proche. Cela peut aussi aider à la guérison du corps, si c'est la volonté de Dieu, mais ce n'est pas le but premier, qui est d'apporter paix et réconfort à ceux qui sont gravement malades et de les unir à la Passion de Jésus.

MATTHIAS

# On met une lumière rouge, comme ça Jésus aussi n'a pas peur la nuit ?

■ Jésus, la vraie lumière, est là, avec toi, il veille sur toi.

J'ai l'impression que tu n'es pas très rassuré le soir lorsque tu vas te coucher… C'est normal : dans le noir, on se sent bien petit, bien fragile. On ne voit pas grand-chose et tous les bruits semblent effrayants. On imagine des tas de monstres, qu'est-ce que ça fait peur !

Depuis toujours, le noir et la nuit inquiètent les hommes. Pour les hommes de la Bible, le noir (on dit aussi « les ténèbres ») représente la mort, le monde sans Dieu, le mal. Mais Jésus, lui, n'a pas peur du noir : il a vaincu le mal et la mort, il est la « lumière du monde » (Jean 8, 12).

La petite lampe rouge (ou blanche) qui est allumée dans l'église, près du tabernacle, nous dit que Jésus est présent. Elle est parfois électrique, mais l'Église préfère souvent une vraie flamme qui brûle. Elle est allumée lorsqu'il y a des hosties consacrées dans le tabernacle. Elle est éteinte lorsqu'il n'y en a pas. Chaque hostie est le Corps de Jésus, chacune est infiniment précieuse. Quand il en reste après la communion, on les garde très soigneusement dans un beau récipient que l'on appelle un ciboire, que le prêtre dépose dans le tabernacle. C'est ce que l'on appelle la « réserve eucharistique ». On porte ensuite ces hosties aux malades ou on les distribue lors de la messe suivante au moment de la communion.

SANDRA

# Pourquoi y a-t-il des bougies dans les églises ?

Comme c'est joli, toutes ces lumières qui dansent dans l'église ! Ces cierges sont les signes de la présence vivante de Jésus au milieu de nous. Leur lumière rappelle que Jésus, « lumière pour éclairer les nations » (Luc 2, 32), est notre lumière : par sa mort et sa Résurrection, il nous fait passer des ténèbres à la lumière, de la mort à la vie.

Dans le chœur, près de l'autel, il y a un très grand cierge : le cierge pascal. Allumé solennellement la nuit de Pâques, on l'acclame en chantant : « Lumière du Christ ». Lorsqu'on allume les cierges pour la messe, on allume toujours en premier le cierge pascal : il évoque la lumière de la Résurrection. On y allume ensuite tous les autres cierges. Tout au long de l'année, ces lumières nous rappellent la présence vivante du Seigneur.

Devant le tabernacle, il y a une petite lumière, parfois rouge, parfois blanche. Elle aussi signifie que Jésus est présent. Elle n'est allumée que lorsqu'il y a des hosties consacrées dans le tabernacle.

Enfin, un peu partout dans l'église, tu peux voir des cierges brûler devant des statues qui représentent de grands saints. Nous savons qu'ils veillent sur nous et qu'ils entendent notre prière. Ils vont la présenter pour nous au Seigneur. Le cierge qui continue de brûler devant la statue représente notre prière. Sa flamme est comme notre prière : parfois un peu mince et hésitante mais pleine de chaleur...

Puisse Jésus, « lumière des nations », t'éclairer et te réchauffer toute ta vie !

■ Jésus parla aux Juifs : « Moi je suis la lumière du monde. Celui qui me suit ne marchera pas dans les ténèbres, il aura la lumière de la vie. »

Jean 8, 12

MÉLISSA

# Pourquoi y a-t-il des cloches dans les églises ?

Depuis le V$^{e}$ siècle, les cloches appellent les fidèles à se rassembler pour célébrer l'Eucharistie. Longtemps, elles ont eu un grand rôle dans la vie des chrétiens. Elles sonnaient les heures, avertissaient les habitants de tout danger (épidémie, incendie, attaque d'ennemis, etc.) et les appelaient aux offices religieux et aux prières. Toute la vie était rythmée par ces grosses dames de métal. Elles sonnaient de manière différente, selon ce qu'elles annonçaient : le glas pour les enterrements, le tocsin pour les guerres, etc.

Vers le VIII$^{e}$ siècle, on a même entrepris de les baptiser avec de l'eau et du saint-chrême et on leur a donné un prénom ! C'était une manière de reconnaître les services irremplaçables qu'elles rendaient...

Notre vie est toujours rythmée par les cloches. Il y en a 250 000 en France. Certaines, comme celle du Sacré-Cœur de Montmartre à Paris, sont de vraies célébrités. Ses 19 tonnes et ses 6,50 mètres de diamètre font de Françoise-Marguerite, surnommée « la Savoyarde », une star très visitée !

Mais il y en a de bien plus anciennes… Elles continuent de nous donner l'heure, de nous avertir des grands événements et des offices religieux. La voix du Seigneur passe par elles : « Venez, adorons le Seigneur ! » nous disent-elles. Elles sont la version moderne des trompettes des anges qui annoncent le Sauveur ! Ces cloches sont pour tous un appel à aller voir le Seigneur (la sonnerie du téléphone, en quelque sorte : le Seigneur veut vous parler !).

■ « Confiance, lève-toi, il t'appelle ! »

Marc 10, 49

THÉO

# Pourquoi les cathédrales sont-elles si grandes et si hautes ?

Depuis toujours, les chrétiens ont eu à cœur de construire de belles églises pour s'y retrouver et y célébrer l'Eucharistie, mais ce n'est qu'au Moyen Âge que l'on a commencé à construire d'immenses cathédrales. Jamais auparavant on n'avait construit si haut et si grand. Sais-tu que le chœur de la cathédrale de Beauvais, par exemple, est haut de presque 49 mètres ? Et que sa flèche, avant de s'effondrer en 1573, faisait 153 mètres de haut ?

Tous les chrétiens d'alors, des plus riches aux plus pauvres, ont participé à leur construction en donnant la force de leurs bras, leur argent, leur temps, leur vie parfois... Pourquoi ? Parce qu'ils avaient une foi si vive que rien ne leur semblait trop haut ni trop beau pour Dieu. Les cathédrales sont à la mesure de la foi des hommes qui les ont construites. Elles essaient de refléter la splendeur de Dieu.

Et, il faut bien l'avouer, elles reflètent aussi un peu l'orgueil des hommes. Elles permettaient au clergé, aux rois et aux magistrats qui gouvernaient les villes de montrer leur puissance. Certains se faisaient même un peu concurrence ! C'est ainsi, par exemple, que les Senlisiens édifièrent une cathédrale pour « faire comme » Beauvais (mais elle est nettement plus petite !).

La cathédrale était aussi le symbole de l'autorité et de la mission de l'évêque, c'est là qu'il siégeait (*cathedra*, en grec, désigne le trône de l'évêque). Il fallait donc qu'elle soit visible et majestueuse. À cette époque, on s'y retrouvait aussi pour discuter, déjeuner ou conclure des affaires... Il fallait qu'elle soit spacieuse car c'était le lieu de rassemblement de tout le diocèse.

■ Le Seigneur est chez lui partout, dans la plus petite des chapelles comme dans la plus somptueuse des cathédrales. Il est aussi présent dans ton cœur, c'est la plus belle des cathédrales qui soit. Si tu laisses la lumière de Dieu s'y répandre, tu seras toi aussi le reflet de sa splendeur.

# La foi et la prière

LAURE-MARIE

# C'est quoi, avoir la foi ?

■ Dans l'Évangile, Jésus compare la foi à une toute petite graine de moutarde et dit à ses disciples : « Si vous avez de la foi gros comme une graine de moutarde, vous direz à cette montagne : Transporte-toi d'ici jusque là-bas, et elle se transportera. »

Matthieu 17, 21

Jésus nous dit qui est Dieu, il nous propose sa vie et son amour. Avoir la foi, c'est croire en quelqu'un – Jésus – et à la vérité qu'il nous révèle. C'est accepter ce qu'il nous dit sur Dieu, son Père, sur lui-même et sur nous, qui avons été créés pour l'aimer et vivre éternellement avec lui.

La foi est un acte libre de l'homme qui répond à l'amour de Dieu et lui remet son intelligence, sa volonté, son cœur, sa personne tout entière. Plusieurs fois, lorsqu'il guérit des malades ou des infirmes, Jésus leur dit : « Ta foi t'a sauvé, va en paix » (Luc 7, 50). Il nous montre que notre foi est source de notre salut, ce n'est pas rien ! Le mot « foi » vient du latin *fides* qui veut dire « confiance » et « fidélité ». Avoir la foi, c'est faire confiance à Dieu (qui te la donne), à tes parents (qui te la transmettent) et à l'Église (qui te guide).

Avoir la foi, c'est être fidèle, persévérant. La foi se nourrit de la Parole de Dieu et des sacrements. Elle s'entretient sans cesse : par la fidélité à la messe, à la prière, à l'Église. L'Église, en effet, soutient et nourrit notre foi ; sans elle, notre foi s'affaiblit. Avoir la foi, c'est pouvoir dire en même temps : « Je crois » (je pose un acte personnel et libre) et « Nous croyons » (j'appartiens à l'Église et je crois ce qu'elle enseigne). De même que l'on ne peut vivre tout seul, on ne peut croire tout seul. La foi, on la voit dans les actes. Ce sont eux qui témoignent de notre amour pour Dieu. Saint Jacques l'écrit très clairement : si notre foi ne se traduit pas par des actes d'amour très concrets pour nos frères, elle est vaine, creuse, morte, inutile !

MARGUERITE

# Je ne comprends pas pourquoi tant de gens ne croient pas en Dieu malgré tous les miracles.

Te souviens-tu de saint Thomas ? Il ne croirait pas, disait-il, tant qu'il n'aurait pas vu de ses propres yeux Jésus ressuscité. Thomas nous apprend que la foi n'est jamais une évidence, même pour ceux qui ont vécu avec Jésus. Et les apôtres ? Eux aussi ont été lents à croire... Même après la Résurrection de Jésus, ils ont eu besoin de la lumière et de la force de l'Esprit Saint pour comprendre, pour dépasser leur peur et aller annoncer partout la Bonne Nouvelle. La foi est toujours un choix. Nous choisissons de croire, d'ouvrir notre cœur. Rien ni personne ne nous y oblige, pas même Dieu. Il nous laisse libres... mais il nous aide par ce don de l'Esprit Saint qui s'appelle la grâce.

■ « Veillez, tenez bon dans la foi. »

1 Corinthiens 16, 13

Avoir la foi, c'est faire confiance en ce Dieu mystérieux que nous ne voyons pas et que nous ne comprenons pas toujours très bien. Ce n'est pas de croire en un Dieu magicien qui fait des miracles pour nous épater ou pour nous obliger à croire en sa puissance. Beaucoup ont vu des miracles et ne se sont pas convertis. Pourquoi ? Parce qu'ils ont raisonné avec leur intelligence mais n'ont pas ouvert leur cœur. Pourtant, ils en avaient, des preuves ! Mais les preuves ne peuvent rien pour convertir un cœur fermé. Jésus lui-même l'a bien des fois constaté. Les hommes d'aujourd'hui, comme ceux d'hier, sont lents à croire. « Heureux ceux qui croient sans avoir vu » (Jean 20, 29), nous dit Jésus. Il connaît nos résistances et nos refus, il est patient.

GRÉGOIRE

# Est-ce que les dix commandements sont toujours valables pour les chrétiens ?

Les dix commandements donnés par Dieu à Moïse sont le fondement de l'Alliance que Dieu conclut avec son peuple. Tout le peuple de Dieu s'y conforme strictement : ce n'est pas une loi édictée par les hommes mais une loi donnée par Dieu lui-même. Elle est donc à part, bien au-dessus de tout autre règlement.

Comme tous les juifs, Jésus observe la Loi avec un très grand respect. S'il remet parfois en question certains usages, jamais il ne renonce aux dix commandements, bien au contraire. Par sa vie et son enseignement, il affirme l'importance du décalogue, il en déploie toutes les exigences. Au jeune homme qui reconnaît en lui le Fils de Dieu, Jésus demande plus encore que l'observation parfaite de la Loi. « Ne pensez pas que je suis venu abolir la Loi », dit-il, « je ne suis pas venu abolir, mais accomplir », c'est-à-dire lui donner une force nouvelle (Matthieu 5, 17).

■ Le mot « décalogue » signifie « dix paroles ». Ces « dix paroles » révélées par Dieu résument et proclament sa Loi. Elles sont un don de Dieu qui, en édictant ses volontés, se révèle à son peuple.

L'Alliance entre Dieu et les hommes, gravée dans les Tables de la Loi et dans le cœur des croyants, est accomplie en Jésus : nous, chrétiens, en sommes les héritiers. Cette Nouvelle Alliance ne réduit pas l'Ancienne en cendres. Elle l'élargit, elle lui donne une autre dimension. Fidèle à l'Écriture et à l'enseignement du Christ, l'Église a toujours reconnu aux dix commandements une importance capitale.

Comme le jeune homme de l'Évangile, essaie de tout ton cœur de respecter ces dix commandements. Et tu verras, ce n'est pas si facile. Mais si tu restes uni à Jésus, il te donnera son Esprit et sa force…

PRISCILLE ET AUGUSTIN

# Pourquoi doit-on mourir un jour ?

Nous sommes faits pour la vie ! La vie sur cette terre mais aussi la vie éternelle, celle qui ne finira pas, près de Dieu. Mais tout homme doit passer par la mort pour recevoir la vie éternelle.

La mort est la conséquence du péché. Dieu n'avait pas voulu la mort pour l'homme, mais celui-ci a choisi, en Adam, de se séparer de la source de la vie. Nous mourrons parce que, depuis le péché des origines, la mort est « entrée dans le monde ».

Et pourtant, Dieu veut que nous vivions avec lui pour toujours. Alors, il a envoyé Jésus, son Fils unique, pour nous sauver de la mort et du péché. Désormais, nous savons que la mort n'est pas la fin de la vie, qu'elle n'est qu'un passage vers le ciel. Ce n'est pas si facile que cela, car ce « passage » reste bien mystérieux. C'est normal d'avoir peur de la mort. Même Jésus, au jardin des Oliviers, quelques heures avant sa Passion, a eu peur. « Je veux voir Dieu », disait sainte Thérèse de Lisieux, « et pour le voir, il faut mourir ». Et sais-tu ce qu'elle a écrit, alors qu'elle savait qu'elle allait bientôt mourir ? « Je ne meurs pas, j'entre dans la vie. » Voilà pourquoi il nous faut mourir : pour passer de la nuit au jour, pour entrer dans la vie. Nos yeux vont se fermer sur ce monde pour pouvoir mieux s'ouvrir sur Dieu. Alors, même quand on est un enfant, penser à la mort, c'est se préparer à rencontrer Jésus, à le voir « face à face ».

■ « Celui qui croit en moi a la vie éternelle. »

Jean 6, 47

Le ciel est notre espérance ; qu'il sera bon de contempler la gloire de Dieu en présence des anges et des saints ! Là, nous trouverons la paix et la joie qui ne finissent pas.

DIANE

# Qu'est-ce que l'âme ?

Au tout début de la Bible, tu peux lire le récit de la création de l'homme par Dieu. Il nous explique, de manière imagée, que « Dieu modela l'homme avec la poussière tirée du sol, il insuffla dans ses narines le souffle de vie et l'homme devint un être vivant » (Genèse 2, 7). L'âme, c'est ce souffle de Dieu qui t'« anime », c'est-à-dire qui te donne vie.

Concrètement, Dieu ne t'a pas créée en prenant un peu de boue dans son jardin. Il a confié à tes parents le soin de te donner un corps et lui, dès le premier instant de ton existence, t'a donné une âme. Ainsi, depuis que tu existes, ton corps et ton âme sont très étroitement liés.

L'âme n'est pas une partie de ton corps, comme le cœur, le foie ou le gros orteil. Elle n'est pas non plus une espèce de fantôme qui « habite » ton corps comme une maison hantée ! Ton âme n'« habite » pas ton corps mais elle s'exprime à travers lui. Elle donne la vie à ton corps et elle te permet de connaître Dieu, de t'ouvrir à son amour. Elle te rend capable de l'entendre, de lui parler et de l'aimer. Aussi, es-tu, en ton corps et ton âme, « Temple de l'Esprit », lieu de la présence de Dieu.

Un jour, ton corps mourra. Ton âme, elle, ne mourra jamais. Lorsque ton corps mourra, elle s'en séparera provisoirement pour aller à la rencontre de Jésus. Elle recevra alors le jugement de Jésus en fonction de la manière dont tu auras aimé Dieu et les autres. Et, « à la fin des temps », lorsque Jésus reviendra, ton corps ressuscitera et sera à nouveau uni à ton âme.

■ Le corps est matériel : il est fait de chair et d'os, on peut le voir et le toucher. L'âme, elle, est immatérielle (on dit aussi qu'elle est spirituelle), elle existe vraiment mais on ne peut ni la voir ni la toucher.
Le corps est mortel : un jour, il mourra. L'âme, elle, est immortelle. Cela veut dire qu'elle est destinée à vivre pour toujours sans jamais connaître la mort.

SOLANGE

# Qu'est-ce que l'enfer ?

Lorsqu'il en parle, Jésus compare souvent l'enfer à un feu terrible (Matthieu 13, 42 ; 25, 41 ; etc.), un feu « qui ne s'éteint pas » (Marc 9, 43). Aussi l'enfer a-t-il toujours fait très peur aux hommes...

L'enfer n'est pas une punition que Dieu inflige aux méchants : Dieu n'envoie personne en enfer. Au contraire ! Il veut accueillir tous les hommes dans son Royaume, il offre son amour et sa miséricorde à chacun, il pardonne toujours à ceux qui regrettent sincèrement leurs péchés et lui en demandent pardon.

■ C'est dès maintenant, dans cette vie, qu'il nous faut choisir Dieu, même si nous ne le voyons pas encore face à face.

Certains, pourtant, refusent tout cela, refusent d'aimer et de se laisser aimer. Dieu nous laisse libres d'accepter ou de refuser son amour. Il nous laisse la possibilité de lui dire « non », et ce « non » nous sépare définitivement de lui : c'est cela, l'enfer. En se fermant volontairement à son amour, ils s'excluent eux-mêmes de la communion avec Dieu. L'enfer, c'est être séparé définitivement de Dieu. Ceux qui vont en enfer l'ont choisi. Cela paraît incroyable, tu ne trouves pas ? Comment peut-on choisir un sort aussi terrible ?

L'Église, à la suite de Jésus, a toujours affirmé l'existence de l'enfer, mais elle s'est toujours refusée à dire si quelqu'un se trouve dans cette situation. Même les plus grands pécheurs peuvent être pardonnés s'ils le demandent avec un sincère repentir.

LUCIE

# C'est quoi, le paradis ?

Le paradis, ça nous fait rêver ! On nous le présente souvent comme un jardin car les premières pages de la Bible nous racontent, de manière imagée, comment Adam et Ève, après leur création, vivaient heureux dans un merveilleux jardin où Dieu les avait placés. Dans ce jardin, il n'y a pas de place pour le péché. Adam et Ève lui ayant désobéi, Dieu les en a chassés. Catastrophe !

Ce paradis perdu, chaque homme aimerait le retrouver, car il ne peut pas être vraiment heureux lorsqu'il est séparé de Dieu. Nous sommes tous faits pour un bonheur sans fin qui n'existe que près de Dieu. Heureusement, beaucoup de passages de la Bible parlent du paradis retrouvé. Ouf ! L'homme est donc appelé à retrouver une vie de joie, de paix et de bonheur complets. Et sais-tu qui en a rouvert les portes ? Jésus.

Dans son évangile, saint Luc nous rapporte les quelques mots que Jésus a échangés, juste avant sa mort, avec le bon larron, crucifié à côté de lui : « Jésus, souviens-toi de moi quand tu viendras inaugurer ton Règne. » Jésus répond : « Amen, je te le déclare : aujourd'hui, avec moi, tu seras dans le paradis » (Luc 23, 42-43).

Si j'en crois ce que dit Jésus, vivre au paradis, c'est être avec lui. C'est connaître Dieu, le voir « face à face », vivre pour toujours avec lui. C'est la joie à laquelle sont appelés ceux qui meurent en l'aimant. Ils vont « au ciel » (c'est-à-dire au paradis), avec Dieu, les anges et les saints (et non dans le ciel, avec les oiseaux et les avions !).

MAUD

# Pourquoi y a-t-il des prières toutes faites ?

La plus célèbre des prières « toutes faites », le Notre Père, a été donnée par Jésus lui-même à ses disciples. Lorsqu'ils lui ont demandé de leur apprendre à prier, Jésus ne leur a pas dit : « Racontez votre vie à Dieu, ça ira bien comme ça ! » Non, non ! Il leur a dit : « Lorsque vous priez, ne rabâchez pas (...), priez ainsi : « Notre Père, qui es aux cieux... » (Matthieu 6, 7-13). À chaque fois que tu dis un Notre Père, tu pries avec les mots de Jésus. Et lorsque tu dis un Je vous salue Marie, tu redis, en partie, les paroles de l'ange Gabriel. Et tu répètes les paroles de Marie à chaque fois que tu pries le Magnificat !

Ces prières ouvrent notre cœur à l'amour de Dieu. Elles nous évitent de rester enfermés autour de nos propres demandes et nous mettent en communion avec les chrétiens du monde entier. Comment ferions-nous pour prier tous ensemble, à la messe ou ailleurs, s'il n'y avait pas ces prières qui nous rassemblent ? Prononcer les mêmes paroles permet de prier ensemble et d'être en communion avec tous nos frères chrétiens. Imagines-tu que, dans le monde entier, des millions de chrétiens sont en union les uns avec les autres dès qu'ils disent le Notre Père ?

■ Il y a toujours eu des prières « toutes faites ». Certaines sont très anciennes et sont d'une richesse inestimable. Les psaumes, par exemple, que Jésus lui-même a utilisés, ont guidé des milliers de saints et constituent aujourd'hui encore une part très importante de la prière de l'Église.

Ces prières, finalement, nous apprennent à prier. Pour grandir dans la foi, nous avons besoin d'être soutenus par ces mots-là, même si ce ne sont pas les nôtres. Que c'est beau de prier avec les mots de Jésus, de Marie ou d'un ange !

CÉLESTE

# Pourquoi on fait une prière tous les jours ?

Je parie que tu aimes faire plein de câlins à ta maman. Le matin, quand tu sautes de ton lit comme un ressort, hop ! tu vas lui faire un gros baiser tout chaud ! Quand tu pars à l'école, quand tu la retrouves à midi, quand tu vas au lit, hop ! encore des baisers ! C'est si bon de faire des câlins et des petits baisers à sa maman ! Et dans la journée, tu lui parles : tu lui racontes ce que tu fais, qui tu as vu, avec qui tu as joué, tes joies, tes chagrins, tes peurs, tes colères... Tu sais lui demander pardon (et hop ! encore un baiser !), lui dire merci, lui demander ce dont tu as besoin. Et que fait ta maman ? Je parie qu'elle t'écoute et qu'elle te prend dans ses bras pour te serrer tout contre elle.

Avec ton papa, avec tous ceux que tu aimes, c'est pareil.

Avec Jésus aussi ! Prier, c'est parler à Jésus dans son cœur. Et Jésus, qui est là, dans ton cœur, t'écoute. Lui aussi est heureux quand tu lui racontes ta vie, quand tu lui dis « je t'aime », « s'il te plaît », « pardon » et « merci » : voilà pourquoi on fait une prière tous les jours et même plusieurs fois chaque jour ! Pour lui dire notre amour (à quoi ça sert d'aimer si on ne le dit pas ?), le remercier, lui demander de nous aider et lui demander pardon. Et Jésus qui est là, près de toi, dans le silence, te répond.

Une grande sainte disait que « prier, c'est se jeter dans les bras de Jésus » ! Alors, cours, va vite te jeter dans ses bras ! C'est si beau de savoir qu'on est fait pour de célestes baisers !

■ Le plus important ce ne sont pas les mots que tu prononces mais la qualité de ta présence près de Jésus, ton désir de vivre en sa présence et d'ouvrir ton cœur à son amour. Le curé d'Ars disait : « On n'a pas besoin de tant parler pour bien prier... On se complaît en sa présence, c'est la meilleure prière, celle-là ! »

GUILLAUME

# Quand je prie, je ne sens rien, comment savoir si Dieu est présent ?

Lorsque tu pries, tu peux être sûr que Dieu est là parce que le Christ te le dit : « Mais toi, quand tu pries, retire-toi au fond de ta maison, ferme la porte et prie ton Père qui est présent dans le secret ; ton Père voit ce que tu fais dans le secret : il te le revaudra » (Matthieu 6, 6). Dieu est présent : tu ne le sens pas mais tu le sais. C'est ce que l'on appelle la foi.

■ « Seigneur, apprends-nous à prier. »

Luc 11, 1

Dieu t'invite à dépasser ce que tu ressens pour l'aimer d'un amour plus profond. Saint Thomas d'Aquin disait, à propos de la présence réelle du Christ dans l'Eucharistie, « on ne l'apprend pas par les sens mais par la foi seule ». Ce qui n'empêche pas le Seigneur de nous donner parfois – heureusement ! – des signes sensibles de sa présence…

Beaucoup de saints ont vécu dans la fidélité, dans la confiance sans rien ressentir de l'amour de Dieu. Leurs œuvres attestent pourtant que le Seigneur était bien là, plus présent que jamais à leurs côtés…

ANNE-GAËLLE

# Pourquoi on dit : « Dieu vous parle dans vos cœurs », et je ne l'entends pas ?

On a raison de dire : « Dieu vous parle dans vos cœurs », car c'est vrai ! Il parle mais nous, nous sommes sourds. Comment cela se fait-il ?

D'abord, pour bien entendre, il ne faut pas qu'il y ait trop de bruit, ni au-dehors, ni au-dedans de toi. Tant que la musique remplit ta chambre et que ta tête fourmille d'idées, de projets et de bruit, tu ne peux pas entendre la voix de Dieu. Seul un cœur pacifié, une tête apaisée sont disponibles et capables de faire silence. Alors, dans le silence, Dieu parle et tu peux l'entendre.

Ensuite, pour bien entendre, il faut ouvrir... tes yeux ! Dieu parle par la beauté de la nature, par les rencontres que tu fais chaque jour, par tous les événements de ta vie.

Puis il faut ouvrir tes oreilles. Ça paraît logique ! Dieu te parle par sa Parole. Si tu écoutes bien les lectures à la messe, si tu lis l'Évangile, alors, oui, tu entends Dieu te parler.

Enfin, il faut ouvrir ton cœur et ton intelligence. Souvent, tu es tellement occupée à lui parler que tu oublies de l'écouter. Lui aussi a des tas de choses à te dire. Dieu parle à celui qui veut bien l'écouter. La première phrase de la règle de saint Benoît, qui guide tant de moines depuis des siècles, te donne ce conseil important : « Incline l'oreille de ton cœur. » Car c'est à ton cœur que Dieu parle en premier ! Alors, la Parole de Dieu remplira ton cœur, elle résonnera à tes oreilles, elle te saisira tout entière.

Ce n'est pas si simple, de savoir écouter !

■ Certains personnages de l'Ancien Testament ont entendu Dieu leur parler clairement (Abraham, Moïse, Samuel, etc.). Ceux qui ont connu Jésus ont eu la chance de l'entendre « en vrai », parfois même après sa Résurrection. Pour nous, ce n'est pas aussi clair et net !

DOROTHÉE

# Pourquoi appelle-t-on Marie « Notre-Dame » ?

En araméen, la langue que parlait Jésus, le mot *mara* signifie « reine », « dame ». Certains spécialistes pensent que *Maryam* (Marie, en français) pourrait venir de ce mot. Ainsi, « Notre-Dame » serait très près de la signification première du nom de la Vierge. Voilà un joli rapprochement ! En réalité, l'appellation « Notre-Dame » nous vient tout droit du Moyen Âge. À cette époque, une dame, c'était l'épouse du seigneur ou du roi.

Le mot « dame » vient du latin *domina*, féminin de *dominus*, « le seigneur ». « Notre-Dame » est ainsi le féminin de « Notre-Seigneur », vocable très utilisé au Moyen Âge pour parler du Christ. Ne crois pas qu'il s'agisse simplement de précisions linguistiques : cela a également beaucoup de sens pour notre foi. Pourquoi ? Parce que Jésus est *dominus* par nature (il est le Fils de Dieu, « vrai Dieu né du vrai Dieu »), Marie est *domina* par une grâce qui lui vient de son fils Jésus. De même, Jésus est roi par nature et Marie est reine par sa grâce. En appelant Marie « Notre-Dame », on rappelle qu'elle partage par pure grâce la seigneurie et la royauté de son divin fils, Notre-Seigneur. « Notre-Dame » signifie donc « notre reine ». C'est la majesté, la puissance et la gloire de Marie qui sont alors particulièrement mises à l'honneur.

Chaque appellation nous dit quelque chose de la mission de Marie envers nous : Très Sainte Vierge, Mère de Dieu, Bonne Mère (à Marseille !), Reine des Anges, Refuge des pécheurs, Reine de la Paix, Mère de Miséricorde...

■ Avec les lettres de « MARIE », on peut écrire le mot « AIMER ».

CLÉMENCE

# Pourquoi appelle-t-on Marie « Tour de David » et « Tour d'ivoire » ?

Tu as certainement entendu ces expressions en écoutant les litanies de la Vierge Marie. « Tour de David » évoque un passage de l'Ancien Testament. David avait pris aux Jébuséens un fortin qui dominait la ville de Jérusalem. Il l'agrandit, le fortifia et en fit une place forte impressionnante, remplie de soldats armés jusqu'aux dents. Marie est comparable à cette forteresse « où étaient suspendus mille boucliers » (Cantique des Cantiques 4, 4) : elle protège l'Église (que l'on appelle parfois « la Jérusalem terrestre ») avec autant de force qu'autrefois la tour de David protégeait la ville de Jérusalem. Face à ses ennemis, elle est une forteresse solide et invincible !

« Tour d'ivoire » exprime aussi cette idée de force mais l'associe à une grande délicatesse. C'est si beau, cette alliance de la puissance et de la finesse : Marie est à la fois un fort que rien ne peut renverser, un abri pour les pécheurs et une mère pleine de délicatesse. Tu le sais, l'ivoire est une matière très précieuse. Sa blancheur éclatante rappelle la pureté sans tache de celle qui est née préservée de tout péché. Sa finesse et sa valeur nous montrent que Marie est une reine infiniment belle et précieuse pour l'Église.

Tu le vois, chacune de ces appellations exprime un aspect de Marie et nous parle d'elle, de sa mission, de sa bonté. Chacune est comme une pierre précieuse sur la couronne de Marie, notre Reine. Ces très anciennes litanies disent de quel respect, de quel amour, de quel honneur elle est entourée par les croyants. Puissent-elles t'aider à prier ta merveilleuse mère du ciel.

■ Nous aimons prier Marie parce qu'elle nous conduit à Jésus. Elle lui présente notre prière et prie pour nous : on dit qu'elle intercède pour nous. Jésus, qui l'aime tant, ne peut rien lui refuser !

# Pourquoi Marie est-elle appelée « l'Immaculée Conception » ?

Lorsque Bernadette demande son nom à la belle dame qui lui apparaît à la grotte de Massabielle, tout près de Lourdes, celle-ci lui sourit. Il faut que Bernadette insiste pour qu'enfin, elle lui réponde : « Je suis l'Immaculée Conception. » Quelle réponse surprenante ! Comme toi, Bernadette ne comprend pas ce que cela signifie, mais elle court bien vite rapporter cela au curé de Lourdes, qui en est très ému. Il comprend alors que cette « belle dame » n'est autre que la Vierge Marie : elle seule est appelée « Immaculée Conception ».

Au cours des siècles, l'Église a pris conscience de l'extraordinaire sainteté de Marie et de la grâce particulière qu'elle a reçue de Dieu. Ainsi, en 1854, lorsque le pape Pie IX proclame solennellement le dogme de l'Immaculée Conception, les fidèles sont remplis d'une grande joie. Ce texte très court affirme que Marie a été préservée du péché originel dès le premier instant de sa vie. Elle a été « sauvée d'avance » par Jésus lui-même pour être sa maman toute pure.

Le Père Maximilien Kolbe, qui aimait beaucoup la Vierge Marie, l'appelait « l'Immaculée ». « Immaculée » cela veut dire « sans tache » : non seulement elle n'a pas été « tachée » par le péché originel, mais en plus elle n'a jamais commis de péché pendant sa vie. Les chrétiens d'Orient l'appellent la *Panaghia*, « la Toute Sainte » : elle est toute pure, « pleine de grâce », c'est-à-dire entièrement ouverte à Dieu et portée par son amour.

■ Un dogme est une vérité essentielle de la foi.

ALIX

# Quand elle attendait Jésus, est-ce que la Sainte Vierge savait qu'il allait mourir sur une croix ?

Lorsque l'ange apparaît à Marie, il lui annonce qu'elle sera la mère du Sauveur : « Voici que tu vas concevoir et enfanter un fils, tu lui donneras le nom de Jésus. Il sera grand, il sera appelé Fils du Très-Haut ; le Seigneur Dieu lui donnera le trône de David son père ; il régnera pour toujours sur la maison de Jacob et son règne n'aura pas de fin » (Luc 1, 31-33). L'ange ne lui donne aucun détail sur ce que sera la vie de ce Messie tant attendu.

Comme toutes les mamans, Marie attend son bébé avec beaucoup d'amour. Elle prie déjà beaucoup pour lui, mais elle ne sait rien de plus que ce que l'ange lui a dit. Elle ignore donc que son fils va mourir sur une croix, comme le pire des malfaiteurs.

Marie, cependant, connaît parfaitement les Écritures. On y parle souvent du juste persécuté. Elle se doute bien que son fils aura à souffrir. Elle ne sait pas comment ni où ni quand, mais elle devine certainement qu'il n'aura pas une vie facile. D'ailleurs, quelques mois après sa naissance, alors qu'elle vient avec Joseph présenter Jésus au Seigneur, le vieux Syméon lui dit ces mots étranges : « Vois, ton fils qui est là provoquera la chute et le relèvement de beaucoup en Israël[...]. Et toi-même, ton cœur sera transpercé par une épée» (Luc 2, 34-35).

Qu'est-ce que cela peut bien vouloir dire ? Elle n'en sait rien mais elle garde ces mots dans son cœur, elle prie et réfléchit. Petit à petit, même si elle ne sait pas encore ce qui arrivera à Jésus, elle s'y prépare.

HORTENSE

# À quel âge est morte Marie, la mère de Jésus ?

On ne sait pas à quel âge Marie est morte. L'Évangile ne le dit pas, ni aucun des écrits qui constituent le Nouveau Testament. Certains écrits apocryphes donnent de la mort de la Vierge des récits détaillés et pittoresques. Mais l'Église n'a jamais reconnu ces textes qui, d'ailleurs, se contredisent parfois. On ne sait pas non plus où elle est morte, mais de nombreux indices laissent à penser que c'est à Éphèse, où saint Jean l'avait accueillie comme le lui avait demandé Jésus.

Sais-tu que l'on ne dit pas la mort de Marie mais la dormition ? Pourquoi ? Parce que certains se demandent si elle est vraiment morte ! C'est une très ancienne querelle de théologiens. Certains affirment que Marie a été enlevée au ciel avant sa mort. D'autres pensent qu'elle a connu la mort avant d'être élevée au ciel. Une seule chose importe vraiment : qu'elle ait été glorifiée, corps et âme. C'est le dogme de l'Assomption, promulgué par le pape Pie XII en 1950. Ce texte ne parle pas pour Marie de « résurrection » (ce serait reconnaître qu'elle était effectivement morte) mais d'« assomption » : « Nous affirmons, [...] que l'Immaculée Mère de Dieu, Marie toujours Vierge, après avoir achevé le cours de sa vie terrestre, a été élevée corps et âme à la gloire céleste. » C'est ce que nous fêtons le 15 août.

La Vierge Marie nous précède dans le ciel, elle vit déjà dans la gloire de Dieu. Par son Assomption, elle nous ouvre le chemin : elle anticipe notre résurrection. Nous vivrons, nous aussi, corps et âme dans le ciel. C'est notre espérance de chrétiens.

LAURE-HÉLÈNE

# Pourquoi on dit toujours « amen » ?

Dans l'Évangile, tu as peut-être remarqué que Jésus utilise très souvent ce mot. Lorsqu'il veut dire quelque chose d'important, il commence ainsi : « Amen, je vous le dis... » Il répète ce mot pour bien montrer à tous ceux qui l'écoutent qu'il parle avec autorité. Cela a exactement la même signification que lorsqu'il dit : « En vérité, je vous le dis... » Ce que Jésus nous révèle, c'est la vérité. Il est la Vérité. Le Livre de l'Apocalypse nous dit même qu'il est « celui qui est "Amen"», « le témoin fidèle et véridique » (Apocalypse 3, 14).

En hébreu, le mot *amen* a la même racine que le verbe « croire ». En disant « amen », tu dis : « je suis solide dans ma foi, fidèle à Dieu, j'ai confiance en lui » ; tu dis : « oui, Jésus, je crois que tu existes et que tu m'aimes ». C'est ce que l'on appelle un acte de foi et d'amour. Cela montre que toi aussi tu choisis d'aimer Jésus et de suivre ses commandements.

■ « Amen » est un mot très ancien qui veut dire « c'est vrai, je suis d'accord avec ce que tu as dit, j'y crois ! ».

Saint Augustin nous dit que c'est lorsque nous serons au ciel dans la lumière de Dieu que nous dirons le véritable « amen ». Ce sera alors avec un amour et une joie immense que nous dirons « c'est vrai », puisque nous serons face à la Vérité, face à Dieu lui-même. En attendant, ce sont tous ces « amen », tous ces « oui » que tu dis chaque jour au Seigneur qui te permettront, lorsque tu seras face à face avec lui au ciel, de prononcer le grand « oui » qui t'ouvrira les portes de l'éternité...

Regarde Marie, la maman de Jésus : elle répond « oui » à l'ange Gabriel, confiante et disponible à ce que Dieu lui demande. Et toi, quel « oui » pourrais-tu prononcer aujourd'hui par amour pour lui ?

Sébastien Chebret a illustré les pages 14-15, 18-19, 28-29, 34, 38-39, 42, 67, 78-79, 80, 89, 92, 93, 98, 110.

Anne-Sophie Droulers a illustré les pages 6-7, 24-25, 32, 35, 36-37, 40, 44, 45, 50-51, 52-53, 54-55, 56-57, 62-63, 74-75, 77, 82-83, 85, 87, 90, 97, 100-101, 102, 109, 110-111, 112-113, 118-119, 120, 122, 123.

Lucile Lux a illustré les pages 12-13, 22-23, 27, 30, 66, 71.

Lucile Thibaudier a illustré la couverture et les pages 16, 21, 26, 31, 43, 46-47, 49, 58-59, 60-61, 64-65, 68, 72, 73, 81, 84, 86, 91, 94-95, 99, 106-107, 116, 125.

Emilie Vanvolsem a illustré les pages 48, 70, 104-105, 114.

Photogravure : Amalthea.
Achevé d'imprimer en avril 2011 par Graficas Estella en Espagne.
Dépôt légal : mai 2011.